금리
사용설명서

금리 사용설명서

초판 1쇄 발행 2025년 5월 26일

지은이 구혜영 **펴낸이** 이성용 **책디자인** 책돼지
펴낸곳 빈티지하우스 **주소** 서울시 마포구 성산로 154 4층 406호(성산동, 충영빌딩)
전화 02-355-2696 **팩스** 02-6442-2696 **이메일** vintagehouse_book@naver.com
등록 제 2017-000161호 (2017년 6월 15일) **ISBN** 979-11-89249-98-4 13320

금리는 시장을 움직이는 가장 강력한 힘이다!!

《환율의 대전환》
오건영 단장
추천

삼프로TV
김원장 작가
전 KBS 기자
추천

금리
사용설명서

구혜영 지음

금리변동의 변곡점에서
우리는 무엇에 주목해야 하는가?

금리 분석 실전 프레임워크를 통해
금리의 미래를 읽고 투자의 길을 찾자!!

빈티지하우스
VINTAGE HOUSE

서문
자본주의의 암호를 해독하다

금리는 자본주의의 암호를 푸는 열쇠

우리는 자본주의라는 거대한 세계 속에서 살아가고 있습니다. 매일 쏟아지는 경제뉴스, 요동치는 시장, 끝없이 변하는 자산의 가치는 마치 해독하기 어려운 암호처럼 느껴질 때가 많습니다. 왜 주식시장은 갑자기 폭락하고, 부동산 가격은 예상치 못한 시점에 상승할까요? 금과 달러는 왜 반대로 움직일까요?

이 모든 혼란 속에서 자본주의의 암호를 푸는 열쇠가 바로 금리입니다. 금리는 자본주의가 작동하는 방식을 설명하는 언어이자, 그 흐름을 좌우하는 암호입니다. 금리가 오르면 시장은 움츠러들고, 금리가 내리면 자산의 가치는 부풀어 오릅니다. 중앙은행의 금리 결정 한 번에 전 세계의 자산이 재평가되고, 투자자의 심리가 뒤흔들리며, 경제의 방향이 바뀝니다. 금리는 단순한 숫자가 아니라, 자본의 흐름과 시장의 패턴을 숨기고 있는 암호 그 자체이기 때문입니다.

자본주의의 핵심인 이 암호를 읽지 못하면, 우리는 시장의 움직임에 휘둘리는 관찰자에 머물 수밖에 없습니다. 그러나 금리라는 암호를 이해하는 순간, 우리는 시장의 흐름을 읽고 기회를 포착하며, 투자의 흐름을 바꿀 수 있는 주체가 될 것입니다.

왜 금리인가?

금리는 모든 자산가치의 형성과 변동에 영향을 미치는 핵심적인 기준입니다. 주식, 채권, 부동산, 통화, 심지어 당신의 대출금리와 월급까지도 금리의 영향을 받습니다. 또한 금리는 단순히 돈의 흐름을 조정하는 수단에 그치지 않습니다. 금리는 투자자의 심리, 시장의 방향, 그리고 국가 간의 관계까지 아우르는 자본주의의 본질을 담고 있습니다. 금리를 이해한다는 것은 자본주의 체제의 거대한 암호를 해독하고, 경제와 시장의 진실을 꿰뚫어 보는 능력을 갖는 것입니다.

제가 금융권에서 17년간 영업, 애널리스트, 운용을 경험하며 깨달은 점은, 금리를 제대로 이해하지 못한다면 자본주의라는 복잡한 게임에서 뒤처질 수밖에 없다는 것입니다. 하지만 금리를 제대로 이해하고 금리의 움직임을 활용할 수만 있다면, 경제적 성공을 위한 가장 강력한 도구를 손에 쥔 셈이 될 것입니다.

이 책이 당신께 약속하는 것

이 책은 단순히 금리를 설명하는 데서 그치지 않습니다. 금리를 통해 경제와 시장의 흐름을 읽고, 투자전략을 세우며, 실질적인 성과를 만들어 내는 방법을 알려줍니다.

'Ⅰ. 금리로 시장의 방향을 읽는다'에서는 금리 변화가 경제와 시장에 미치는 영향을 분석하고, 이를 통해 미래를 예측하는 방법을 배울 것입니다. 'Ⅱ. 금리로 투자의 심리를 이해한다'에서는 금리가 투자자의 두려움과 탐욕을 어떻게 자극하는지를 배우고, 심리적 흐름을 전략적으로 활용하는 방법을 알아봅니다.

'Ⅲ. 금리로 시장을 이긴다'에서는 금리와 경기주기의 상관관계를 분석하고, 주식, 채권, 부동산 등을 활용하여 성공적인 투자전략을 세우는 법을 제시합니다.

'Ⅳ. 금리로 미래를 예측한다'에서는 경제지표와 금리데이터를 기반으로 돈의 흐름을 읽고, 기회를 선점하는 통찰력을 제공합니다.

이 책이 필요한 이유

금리는 자본주의의 숨겨진 암호이자, 경제와 시장을 움직이는 가장 강력한 원동력입니다. 이 책은 우리가 그 암호를 해독하고, 더 이상 혼란 속에서 길을 잃지 않도록 돕기 위해 쓰였습니다. 금리를 이해한다면 어렵기만 했던 경제뉴스가 더 이상 어렵고 낯설게 느껴지지 않을 것입니다. 그리고 우리는 경제와 시장의 흐름을 읽고, 남들보다 앞서 미래를 준비하며, 자산을 효과적으로 관리하는 능력을 갖추게 될 것입니다.

지금부터 시작입니다

이 책은 단순히 금리를 이해하기 위한 책이 아니라 실천을 위한 가이드 북입니다. 모든 챕터에는 독자가 직접 체크하고 실행할 수 있도록 분석 방법과 프로세스를 정리하여 넣었습니다. 이를 통해 금리를 이해하고, 경제와 시장을 예측하며, 투자 결정을 직접 내릴 수 있는 힘을 기르시기 바랍니다. 금리를 이해하는 순간, 자본주의 경제의 복잡성과 혼란을 꿰 뚫는 눈을 갖게 될 것입니다. 그리고 우리는 금리라는 암호를 통해 새로 운 가능성을 열 수 있을 것입니다. 금리라는 강력한 도구를 손에 쥐고, 자 본주의 경제의 판을 바꾸는 여정을 시작하기 바랍니다.

끝으로 이 책을 집필하는 과정에서 아낌없는 조언을 해준 옛 동료들, 주 말에도 원고 작업에 집중할 수 있도록 도와준 남편과 어린 쌍둥이들, 그 리고 이 책이 세상에 나올 수 있도록 도와주신 모든 분들께 감사의 말씀 을 전합니다.

-저자 구혜영

차례

○ ──── ○

I

금리로
시장의 방향을
읽는다

금리는 자본주의의 암호를 푸는 열쇠이며 자본주의 시스템을 움직이는 핵심동력이다. 자본주의는 거대한 부의 흐름을 만들지만, 금리라는 핵심 원리를 이해하지 못한다면 우리는 그 흐름 속에서 방향을 잃기 쉽다. 고대 금융의 기원에서 시작해 현대의 복잡한 금융 시스템에 이르기까지 금리의 탄생과 진화 과정을 통해, 금리가 기업의 투자 결정과 소비자의 심리 그리고 중앙은행의 통화정책에 어떻게 영향을 미치는지를 알아보자. 이번 챕터를 통해 금리의 역사와 작동 원리를 깊이 이해할 수 있다면, 당신도 경제흐름을 읽고 위험과 기회를 예측하는 실질적인 통찰력을 확보할 수 있다. 이를 통해 자신만의 투자전략과 자산관리의 해답을 찾을 수 있을 것이다.

1

자본주의와 금리:
경제의 심장을 읽다

금리의 탄생:
돈의 시간가치를 읽다

금리는 재화나 자산을 빌려주는 행위에서 태어났다. 고대사회에서는 농작물이나 가축, 금과 같은 자산을 빌려주는 일이 흔했는데, 이러한 자산을 빌려줄 때 그에 따른 보상이나 대가를 요구하는 관행이 자연스럽게 생겨났다. 이는 곧 현대적인 금리의 초기 형태로 자리 잡았다.

씨앗을 빌려주는 남자

고대 메소포타미아의 어느 마을에 '씨앗을 빌려주는 남자'가 살았다. 이 남자는 해마다 좋은 품질의 씨앗을 모았다가 씨앗이 부족한 이웃들에게 이를 빌려주었다. 씨앗을 빌린 이웃들은 빌린 씨앗으로 농사를 짓고 가을이면 풍성한 수확을 얻었다.

어느 날, 한 농부가 찾아와 씨앗 100개를 빌려달라고 요청했다. 씨앗을 빌려주는 남자는 가만히 생각했다. '씨앗을 빌려주지 않고 직접 심었다면 훨씬 많은 작물을 수확할 수 있었을 텐데, 단순히 씨앗 100개를 그대로 돌려받는다면 내 시간과 노력이 낭비되는 게 아닌가?' 게다가 만약 가뭄이나 병충해가 발생해 씨앗을 빌려간 농부가 수확을 못 한다면, 그는 아무런 보상도 받지 못할 위험을 감수하는 셈이었다. 그래서 그는 농부에게 이렇게 말했다. "올해 씨앗을 빌려주느라 나는 그만큼 수확을 포기했으니, 내년에는 씨앗 100개에 더해 수확물의 10%를 추가로 돌려줘야 하네."

이처럼 씨앗을 빌려주는 대가로 더 많은 작물을 요구하는 행위가 금리의 가장 초기적인 형태였다. 그는 자신의 기회비용과 위험을 보상받기 위해 대가를 요구했고, 이 관행은 점차 마을에 퍼지면서 씨앗을 빌려주는 대가에 대한 개념이 확립되었다. 실제로 기원전 2천 년경 메소포타미아에서는 자산의 종류에 따라 최대 20~30%의 이자율이 기록되었고, 함무라비 법전에서는 대출과 채무상환에 대한 규제를 명시하여 채무자의 보호와 금리 제한의 기초가 마련되었다.

자산을 빌려주는 사람은 자산을 사용하는 동안 발생하는 위험과 기회비용에 대한 보상을 원했고, 이러한 대가를 통해 자산의 가치를 보존하거나 증가시키려고 했다. 결국 금리는 정당한 대가를 제공하기 위해 탄생하게 된 것이다.

금을 빌려주는 로마제국 상인

고대 로마제국 시대에는 화폐경제가 발전하면서 부유한 시민들이 금과 은을 빌려주는 일이 빈번했다. 당시에는 대규모 상업 거래가 활발했기 때문에, 상인들은 장거리 무역을 위해 금이나 은과 같은 귀금속이 필요했다. 따라서 금과 은을 충분히 소유하고 있지 않은 상인들은 부유한 시민들에게 빌릴 수밖에 없었다.

그중 한 상인이 부유한 귀족을 찾아가 이렇게 부탁했다. "곧 동방으로 향하는 무역을 계획하고 있습니다. 고급 향신료와 비단을 들여올 계획이니, 금화 1,000개를 빌려주시면 상행에서 돌아오는 대로 돌려드리겠습니다." 귀족은 잠시 고민하다가 이렇게 대답했다. "그렇다면 금화 1,000개를 돌려줄 뿐만 아니라, 상행에 성공했을 때 이익의 10%를 더 얹어 돌려주는 조건이라면 빌려주지." 상인은 의아해하며 물었다. "왜 추가로 이익을 요구하시는 겁니까?" 그러자 귀족은 이렇게 설명했다. "내가 이 금화를 빌려주면 다른 곳에 투자할 기회가 사라지는 것뿐만 아니라, 네가 해적을 만나거나 폭풍우를 만나는 위험도 감당해야 하네. 그러니 내가 포기한 기회비용과 감수하는 위험에 대한 보상으로 그 정도는 받아야 하지 않겠나?"

이러한 거래가 점점 일반화되면서 '빌려주는 금액에 대한 대가'를 지불하는 것이 자연스러운 관행이 되었다. 이것이 고대 로마에서 '금리'라는 개념이 확립된 과정이다. 더 나아가 로마제국의 금리제도는 체계화되었다. 부유한 시민뿐만 아니라 전문적인 은행업자가 등장하여 다양한 사람들에게 자금을 빌려주기 시작했고, 금리라는 개념은 점차 확산되었다. 그들에게 금리는 단순히 빌려준 돈에 대한 추가적인 대가가 아니라, 빌려주는 사람의 위험을 보상하고, 자금을 빌려준 동안의 가치손실을 반영하는 역할을 했다.

실제로 고대 로마에서는 12%의 이자율을 일반적으로 적용했고, 로마법에서는 일정 이상의 금리를 요구하는 행위를 금지했다. 특히 채무불이행에 따른 채무자의 보호와 금리 규제가 마련됨에 따라 후대 유럽의 금융 관행에 큰 영향을 미쳤다. 이는 금리가 단순히 돈의 이자가 아니라, 시간·리스크·기회의 가격이라는 개념으로 진화했음을 의미한다.

국가에 돈을 빌려주는 근대 중앙은행의 설립

17세기 말, 영국은 유럽에서 가장 부유하고 강력한 나라 중 하나였다. 그러나 프랑스와의 전쟁은 국가의 재정을 바닥나게 했다. 어느 날, 영국 국왕 윌리엄 3세는 전쟁에 필요한 자금을 확보하기 위해 런던의 금융가들을 불러모았다. 이때 금융가들은 국왕에게 한 가지 제안을 했다. 그들은 대규모 자금을 마련해주는 대신, 새로운 금융기관을 설립하고 이 기관을 통해 국왕이 자금을 빌려야 한다는 것이었다.

이것이 영국의 첫 중앙은행인 잉글랜드 은행의 시작이었다. 잉글랜드 은행은 국가가 필요로 하는 자금을 대출해주고, 그에 대한 이자를 받는 구조로 설립되었다. 이때부터 국가 차원의 금융 시스템이 본격적으로 운영되기 시작했다. 이 은행은 단순히 자금을 빌려주는 역할을 넘어, 화폐발행을 독점하고 국가의 재정을 관리하는 권한을 점차적으로 얻게 되었다. 잉글랜드 은행의 설립은 유럽 여러 나라에서 중앙은행 설립의 모델[1]이 되었다.

이렇듯 중앙은행의 탄생 배경에는 국가적 위기 상황에서 자금을 안정적으로 공급하고 재정을 관리하려는 의도가 깔려 있었다. 그 결과, 중앙은행은 최종 대부업자로서 의무를 가지고 국가의 경제를 지탱하는 중요한 축으로 자리 잡기 시작했다.

중앙은행이 최종 대부업자 역할을 하게 된 이유

· 첫째, 상업은행이 단기예금을 통해 장기대출을 실행하는 구조는 금융위기를 초래하기 쉬운 환경을 만들기 때문에 금융 시스템의 불안정성을 줄이기 위해서는 중앙은행이 나서야 한다.

· 둘째, 은행권 발행의 독점권을 가진 중앙은행은 금융위기 발생 시 문제 해결과 신뢰회복을 위한 최후의 보루로 인식되고 있다.

· 셋째, 반복되는 금융위기 속에서 중앙은행은 유동성을 공급하며 위기 대응을 하는 역할이 확립되었다.

산업혁명과 자본주의의 발전

18세기 말, 영국의 마을마다 연기가 피어올랐다. 새로운 기계가 석탄과

---

1   19세기 이후, 영국을 비롯한 여러 국가들이 중앙은행을 통해 국가경제를 안정시키고 통화정책을 조절하기 시작했다.

철을 사용해 도시에 더 많은 일자리와 생산성을 가져왔고, 이는 곧 산업 혁명으로 이어져 강철과 증기의 시대를 열었다. 그러나 이 모든 변화는 거대한 자본 없이는 불가능했다. 산업화가 본격화되면서 자금 수요는 급격히 증가했고, 은행은 이자를 받을 뿐만 아니라 지분을 사고파는 방식으로 기업을 지원하게 되었다. 최초의 주식회사들이 생겨난 것이다.

특히, 철도산업의 성장은 새로운 자본 시스템을 더욱 발전시켰다. 1825년, 영국 스톡턴과 달링턴을 연결하는 최초의 공공철도가 완공되자 사람들은 철도가 미래의 가장 유망한 사업이라 확신했다. 그러나 철도 건설에는 막대한 자금이 필요했고, 투자자들은 이익을 기대하며 대규모 자금을 투입했다. 이에 은행과 주식시장은 철도 건설에 자금을 제공하며 사업을 지원했다. 이제 은행은 단순히 돈을 맡기는 곳이 아니었다. 산업화로 인해 자금 수요가 폭발적으로 증가하자, 금융기관은 대출과 투자를 통해 경제의 자금흐름을 적극적으로 통제하기 시작했다.

19세기 말부터 유럽 주요 국가들이 중앙은행을 설립하기 시작했고, 미국은 1913년 연방준비제도를 창설하여 본격적인 중앙은행 체제를 구축했다.

이렇듯 산업혁명으로 금융 시스템은 전면적으로 변화되었고, 은행과 주식시장의 형성은 현대 자본주의의 기초가 되었다.

경제정책의 핵심 도구가 된 금리

1945년, 제2차 세계대전 이후 유럽은 전쟁의 잿더미 위에서 재건을 준비하고 있었다. 미국은 마셜플랜을 통해 유럽 경제를 지원했고, 동시에 브레튼우즈 체제를 출범하여 글로벌 금융 시스템을 재편하였다. 브레튼우즈 체제는 달러를 기축통화로 삼아 다른 나라의 화폐가치를 달러에 고정시키는 고정환율 시스템을 도입했다. 이 시스템 하에서 미국은 달러의 가치를 금에 연동시켰고, 각국은 달러 보유를 통해 자국의 통화가치를 유지했다.

이 과정에서 금리는 경제정책의 핵심 도구로 자리 잡았다. 미국을 비롯한 각국의 중앙은행은 경제성장과 물가안정, 고용촉진을 목표로 금리를 활용하기 시작했다.

1971년, 닉슨 대통령이 금본위제 포기를 선언하자 브레튼우즈 체제는 붕괴되었다. 고정환율 시스템은 변동환율로 전환되었고, 이로써 각국은 독립적인 통화정책을 운영하며 금리를 자유롭게 조정할 수 있는 권한을 가지게 되었다. 금리는 자국 경제상황에 맞춰 물가상승을 억제하고 경기과열을 막는 통화정책의 핵심 도구로 발전했다.

1980년대 초, 세계적인 인플레이션 위기 속에서 미국 연방준비제도의 폴 볼커 의장은 기준금리를 인상하여 인플레이션을 억제했다. 인플레이션 파이터로서 인플레이션에 패배하지 않을 것임을 선언한 폴 볼커는 연방기금금리를 20%까지 올렸고, 결국 물가는 잡혔다. 이를 통해 금리가 얼마나 강력한 경제 조절 도구인지 분명해졌다. 금리는 단순히 이자, 자금의 기회비용을 넘어 경제의 수요공급 구조와 사람들의 기대심리까지 조절하는 강력한 정책 수단으로 자리 잡았다.

2008년 글로벌 금융위기 이후, 미국을 비롯한 각국 중앙은행은 기준금리를 대폭 낮추고 양적완화 정책을 도입하며 경기부양에 나섰다. 이로써 본격적인 저금리 시대가 도래하면서 투자자들은 새로운 수익 기회를 찾기 시작했고, 금리의 변동은 자산시장의 흐름에 결정적 영향을 미치게 되었다.

2020년대 코로나 팬데믹 상황에서 각국은 적극적인 금리인하와 유동성 공급을 실행했다. 그 결과, 각국 경제가 봉쇄되고 글로벌 공급망이 멈춘 상황에서도 위기를 극복할 수 있었다. 특히 재정정책과 결합된 통화정책의 효과는 자산시장의 회복 및 경기회복을 이끌었다.

이처럼 금리는 자산 대여의 대가에서 경제와 금융 전반을 아우르는 통제 장치로 발전했다. 금리는 이제 각국의 중앙은행이 경제를 안정시키고 성장시키기 위해 사용하는 강력한 도구로, 현대 자본주의의 경제적 방향을 결정짓는 중요한 역할을 하고 있다.

자본주의와 금리:
경기와 심리를 흔드는 힘

금리의 4가지 기능

첫 번째 기능: 돈의 시간가치를 측정하는 지표

금리의 영어 단어인 interest는 라틴어 interesse에서 유래되었다. 이는 '사이에 존재하다'라는 뜻으로, '시간이 지남에 따라 발생하는 가치의 차이' 또는 '손실에 대한 보상'으로 의미가 확장되었다. 즉, 돈을 빌려주는 사람이 그 기간 동안 다른 곳에 투자하거나 사용할 수 없기 때문에, 그로 인한 손실이나 기회비용의 보상을 요구하는 개념으로 사용된 것이다.

시간이 흐르며 이 단어는 '이익', '가치의 증가'를 나타내는 개념으로 발전했다. 그 결과, 현대의 금리는 자본의 기회비용을 반영하여 시간적 가치를 측정하는 지표로 사용된다. 금리가 '현재 사용하지 않는 자본의 대가'로 자리 잡으면서, 자본은 시간이 지남에 따라 가치가 증가해야 한다는 경제적 원칙이 구현되었다.

두 번째 기능: 위험과 보상을 조정하는 메커니즘

자본주의 초기 사회에서 자산을 빌려주는 사람들은 자산의 가치를 유지하거나 증가시키기 위한 대가를 요구했다. 돈을 빌려주는 이는 자신의 자본을 다른 곳에 투자할 기회를 포기하는 만큼, 그에 대한 보상을 기대하게 된 것이다.

이러한 보상체계는 금리를 통해 구체화되었으며, 금리는 시간이 지나면서 위험과 보상을 균형 있게 조정하는 경제적 메커니즘으로 발전했다. 금리는 자본의 효율적 배분을 유도하며 동시에 위험을 관리하는 도구로 작동한다.

세 번째 기능: 자본의 흐름과 경제적 균형 조절

금리는 경제 시스템에서 자본의 흐름과 균형을 유지하는데 중요한 역할을 한다. 금리가 낮아지면 자본조달 비용이 줄어들어 기업들은 더 많은 투자를 할 수 있게 되고, 이는 고용창출과 경제성장으로 이어진다. 반면, 금리가 높아지면 자금조달 비용이 증가해 기업의 투자와 소비가 감소하게 된다.

이처럼 금리는 경제활동의 과열을 방지하며, 적정 수준의 성장과 안정을 도모한다. 이는 단순한 자본조달 비용의 조정에서 나아가 경제 시스템 전반의 균형을 유지하는 중요한 수단으로 작용한다.

네 번째 기능: 경제의 맥박

금리는 자본의 수급, 위험, 인플레이션 등 경제의 맥박을 측정하는 수단이다. 금리의 움직임은 투자, 소비, 저축 등 모든 경제활동의 판단 기준이되며, 이를 통해 경제주체들의 심리와 기대가 형성된다. 금리 변화에 따라 자본의 흐름과 자산시장의 방향성이 결정되며, 이는 경제 전체에 깊은 영향을 미친다.

이렇듯 현대 자본주의에서 금리는 단순한 숫자를 넘어 경제의 맥박을 재는 핵심 지표이자, 정책적 수단으로서 경제 전반의 안정과 성장을 이끄는 심장 역할을 하고 있다.

경제주체별 금리 활용법

모든 경제주체들은 생산과 소비의 확대를 위해 부채를 활용한다.[2] 대출을 받아본 사람이라면 누구나 알 수 있듯, 금리는 자금조달과 투자전략을 결정짓는 중요한 기준이다. 금리가 상승하면 재정 부담이 커지고 긴축적 접근이 요구되며, 금리가 하락하면 저비용 자금을 활용한 성장 기회가 확대된다. 이를 통해 금리는 자본주의 경제의 흐름과 균형을 조정한다.

따라서 경제주체별로 자금을 빌리는 이유, 자금의 배분, 그리고 수익창

---

2   2024년 6월말 기준, 대한민국 정부부채 약 1,064조원(GDP 대비 52%), 2023년말 기준 기업부채 약 2,565
    조원(GDP 대비 147%), 가계부채 1,862조원(GDP 대비 107%)으로 정부, 기업, 가계 부채를 합하면 약
    5,500조원(GDP대비 250%)에 달한다.

출 방식 등을 점검하면 자본의 흐름과 방향, 그리고 속도를 이해하는 단서를 모을 수 있다. 이를 통해 우리는 거대한 자본의 변화를 예측할 수 있게 된다.

정부: 금리는 자금조달 및 정책목표 달성 수단

정부는 금리를 기반으로 자금을 조달하고 경제상황에 맞는 정책을 추진한다. 금리가 상승하면 국채 발행 비용이 증가하여 재정 부담이 커진다. 이 경우 정부는 단기국채 발행을 늘려 금리인상으로 인한 재정부담을 최소화하려 한다. 이는 금리가 낮아질 때까지 재정안정성을 유지하는 데 도움이 된다.

한편 정부는 인플레이션과 자산시장의 과열을 억제하기 위해 긴축적 재정정책을 실행한다. 정부지출을 줄이고 세수를 늘리는 방식으로 경제 전반의 과열을 막고, 중앙은행의 금리인상 기조와 연계해 재정안정성을 유지하는 데 집중한다. 또한 부동산 가격의 급등을 제한하기 위해 대출조건을 강화하거나 대출금리를 높여 부동산 과열을 억제한다. 금융시장에서도 유동성을 축소해 투기적 거래를 줄이며 자산가격의 안정을 유도한다.

반면, 금리가 하락하면 정부는 장기국채 발행 비중을 늘려 낮은 비용으로 자금을 조달한다. 저비용 장기국채 발행을 통해 인프라 투자와 복지 프로그램 등 장기적이고 규모가 큰 프로젝트를 지원한다.

금리인하와 함께 정부는 확장적 재정정책을 시행해 경기활성화를 유도한다. 이를 통해 소비와 투자가 촉진되고, 경기부양책과 저금리로 인해 소비자와 기업의 경제활동이 늘어나 경제성장에 긍정적인 영향을 미친다. 또한 대출금리를 낮추고 대출조건을 완화해 주택시장과 금융시장에 유동성을 공급한다. 이를 통해 부동산 거래가 활발해지고, 기업들의 자금조달 여건이 개선되어 투자와 성장이 촉진된다.

기업: 자금조달과 투자전략 결정

기업은 금리를 기준으로 리스크를 관리하고 투자 결정을 최적화한다. 금리가 상승하면 자금조달 비용이 높아져, 기업들은 새로운 사업 진출, 시설 확장, 기술개발, 인수합병M&A 등 대규모 투자 프로젝트에 대해 신중한 태도를 보인다.

대출 또는 회사채 발행 등 외부 조달 비용이 상승하면 기업은 수익성이 명확한 투자에만 집중하는 경향이 있다. 또한 리스크를 줄이기 위해 기존 사업에 집중하거나 확장 계획을 축소하는 등 보수적인 전략을 취한다. 이러한 현상은 금리인상 시기, 특히 경기위축기에 두드러진다.

금리가 높은 상황에서는 자금조달 방식에도 변화가 나타난다. 채권 발행 비용이 증가함에 따라 기업들은 주식 발행, 내부 자금 활용, 혹은 자산 매각 등 대체 자금조달 방식을 선호한다. 이를 통해 대출 의존도를 낮추고 자본구조를 안정적으로 유지하려는 전략을 취한다.

반면, 금리가 하락하면 기업의 자금조달 환경은 완전히 달라진다. 저금리 환경에서는 자금조달 부담이 감소해, 기업은 보다 공격적인 투자 결정을 내리게 된다. 특히 낮은 금리로 인해 대출비용이 감소하고, 채권 발행을 통한 자금조달이 보다 유리해진다. 이로 인해 기업은 시설 확장, 신규사업 진출, 연구개발R&D 등의 장기적 투자에 자금을 적극적으로 투입하며, 기존에 연기되었던 프로젝트들을 재개할 준비를 한다.

또한 금리가 낮아지면 기존 대출의 상환 부담이 줄어들어 현금흐름이 개선되고, 이를 통해 추가적인 투자 여력을 확보할 수 있다. 결국 금리가 하락하면 기업은 자본조달의 폭이 넓어지고, 다양한 성장 기회를 적극적으로 탐색하게 된다. 이는 경제 전반의 성장 모멘텀을 강화하는 데 중요한 역할을 한다.

개인과 가계: 소비, 저축, 투자 전략 조정

개인은 금리에 따라 소비, 저축, 투자의 우선순위를 조정한다. 금리가 높을 때는 저축과 보수적 투자가 우선되고, 금리가 낮을 때는 소비와 고수익 투자를 우선시한다.

금리가 상승하면 저축의 매력이 커지고 대출부담이 증가하면서 소비를 억제한다. 높은 금리는 은행 예금, 적금, 채권 등 안정적인 수익을 제공하는 저축성 상품의 수요를 증가시킨다. 이는 금리상승으로 인해 동일한 금액의 저축으로도 높은 이자수익을 얻을 수 있기 때문이다.

동시에 신용카드, 개인 대출, 자동차 할부 등 소비자 금융상품의 금리도 함께 상승하므로, 가계는 불필요한 소비를 줄이고 지출을 효율적으로 관리하는 경향을 보인다. 예를 들어, 대출이자가 높아지면 주택담보대출이나 자동차 구입을 연기하거나, 기존 부채를 조기에 상환하려는 노력이 강화된다.

반면, 금리가 하락하면 개인의 소비나 투자는 공격적으로 변한다. 저금리 환경에서는 저축의 기회비용이 증가하므로, 상대적으로 수익성이 낮은 예금과 같은 상품에 대한 선호가 줄어든다. 대신 대출비용이 감소함에 따라 소비와 투자가 증가하게 된다.

특히, 낮은 금리로 인해 주택담보대출과 같은 장기대출의 수요가 늘어나며, 부동산 구입이나 대규모 소비에 너그러워진다. 또한 저금리 상황에서는 주식, 부동산, 암호화폐 등 상대적으로 높은 수익을 기대할 수 있는 자산에 대한 관심이 증가한다. 개인들은 위험을 감수하고 더 많은 수익을 위해 적극적으로 행동한다.

표 1 각 경제주체별 흐름 비교 (금리상승기 vs. 금리하락기)

	금리상승기 자금흐름	금리하락기 자금흐름
정부	• 단기국채 발행 증가 • 재정 긴축 • 부동산·금융시장 안정화 정책	• 장기국채 발행 증가 • 확장적 재정정책 • 경기부양책
기업	• 투자 축소 • 현금 보유 강화 • 리스크 관리 집중	• 투자 증가 • 연구개발, 인수합병 활발 • 저비용 자금 활용
가계	• 저축 증가 • 대출 감소 • 소비 감소	• 소비 및 주택 구입 대출 증가 • 주식, 부동산, 암호화폐 등 고수익 자산 투자 확대

통화정책과 금리:
경제를 움직이는 지휘봉

금리가 경제에 미치는 영향은 단순히 금리 변화만으로 끝나지 않는다. 통화정책이 경제에 미치는 영향은 다양한 경로를 통해 확산된다. 이들 경로는 각기 다른 방식으로 경제에 작동하며, 금리 변화의 결과는 그 경로와 시점에 따라 달라진다. 이러한 작용 경로를 세부적으로 살펴보면 금리 변화가 어떻게 경제 전반에 영향을 미치는지 알 수 있다.

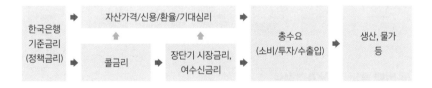

통화정책이 경제에 미치는 5가지 효과 ───────○

첫 번째 효과: 금리경로

금리경로는 금리가 경제에 미치는 영향을 직접적으로 전달하는 가장 기본적인 경로이다. 금리는 경제주체들의 대출비용과 자산수익률에 영향을 주기 때문에 소비와 투자 결정에 직접적인 영향을 미친다.

금리가 낮아지면 대출금리가 낮아져 가계와 기업은 더 많은 자금을 빌릴 수 있게 된다. 이는 소비와 투자를 촉진시키고 경제활동을 증가시킨다. 반면, 금리가 높아지면 대출이 어려워지고 차입비용이 증가한다. 기업과 소비자 모두 자금을 빌리기 어려워지며, 이는 소비와 투자의 감소로 이어진다.

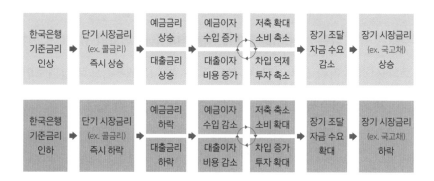

두 번째 효과: 자산가격경로

자산가격경로는 금리가 변화함에 따라 자산시장, 특히 주식, 채권, 부동산 등의 가격에 영향을 미치고, 이로 인해 소비와 투자 결정을 변화시키는 경로다. 자산가격의 변화는 가계와 기업의 재정상태에 큰 영향을 미친다.

금리 하락으로 채권수익률이 낮아지면 투자자들은 상대적으로 더 높은 수익을 추구한다. 이로 인해 주식·부동산 등 자산가격이 상승하며 소비와 투자심리를 자극한다. 반면, 금리가 높아지면 채권수익률이 상승하고, 주식과 부동산의 미래가치는 상대적으로 낮아져 자산가격이 하락할 수 있다. 자산가격의 하락은 소비자와 기업의 자산가치에 영향을 미쳐, 소비를 억제하고 투자를 줄이는 경향을 보인다.

세 번째 효과: 신용경로

신용경로는 금리가 경제주체들의 대출 가능성과 대출비용에 영향을 미쳐, 경제활동에 간접적으로 영향을 미치는 경로이다. 신용경로는 주로 은행 및 금융기관의 대출 결정과 관련된다.

금리가 낮아지면 대출금리가 하락하고 기업과 가계는 더 쉽게 자금을 조달할 수 있게 된다. 기업은 신규 투자와 고용을 늘리고, 가계는 대출을 통해 소비를 늘린다. 신용의 공급이 증가함에 따라 경제 전반의 활동이 활성화된다. 반면, 금리가 높아지면 대출금리가 상승하고 금융기관들은 대출을 더 신중하게 결정한다. 기업과 소비자는 대출을 줄이고, 그로 인해 소비와 투자가 감소하게 된다. 신용공급이 제한되면 경제성장이 둔화될 수 있다.

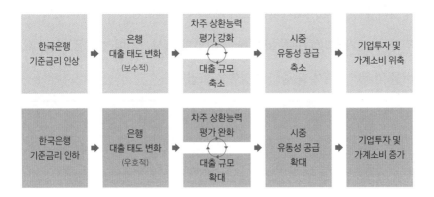

네 번째 효과: 환율경로

환율경로는 금리가 다른 나라의 통화와 비교하여 자본흐름과 환율에 영향을 미침으로써, 수출과 수입에 간접적으로 영향을 주는 경로이다.

금리 하락은 외국인 자본의 이탈 요인이 되어 자국 통화가치 하락(환율 상승)으로 이어질 수 있다. 환율이 하락하면 수출품의 가격경쟁력을 높여 수출 증가로 이어질 수 있다. 반면, 수입품의 가격은 상승해 수입이 줄어들 수 있다. 한편, 금리가 높아지면 자본유입이 증가하며 해당 국가의 통화가치는 상승한다. 환율이 상승하면 수출품의 가격경쟁력이 약화되어 수출이 줄어들고, 수입품의 가격은 저렴해져 수입이 증가할 수 있다. 단, 금리인상/인하 효과는 주변국의 금리 수준, 자본유입 여건 등 외부 변수에 따라 달라질 수 있다.

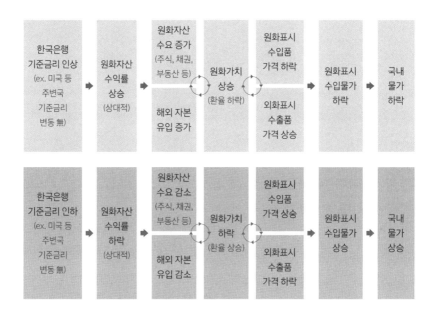

다섯 번째 효과: 기대경로

기대경로는 금리 변화가 경제주체들의 미래 경제상황에 대한 기대에 영향을 미쳐 소비와 투자 결정에 변화를 일으키는 경로이다. 중앙은행이 금리를 변경하면 경제주체들은 이를 바탕으로 미래의 경제상황을 예측하고 그에 따라 행동한다.

금리가 낮아지면 경제주체들은 미래 경제가 활성화될 것이라는 신뢰를 가지게 된다. 금리인하는 일반적으로 경기부양을 위한 신호로 해석되기 때문에 기업은 생산과 투자를 확대하고, 소비자도 소비를 늘리는 경향을 보인다. 반면, 금리가 높아지면 경제주체들은 금리가 높아졌다는 사실을 통해 경기과열을 억제하려는 의도를 읽을 수 있다. 이때 기업들은 투자를 보수적으로 조정하고, 소비자들은 지출을 줄여서 저축을 늘리게 된다.

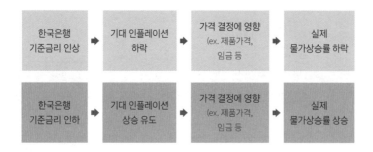

표 2 5가지 통화정책 파급 경로

통화정책 파급 경로	경제적 효과
금리경로	금리 변화는 대출금리와 자산수익률에 영향을 미쳐 소비와 투자 결정을 변화시킨다.
자산가격경로	금리 변화는 자산가격을 변동시켜 가계와 기업의 재무건전성에 영향을 주고, 이에 따라 소비와 투자 결정을 유도한다.
신용경로	금리 변화는 대출 가능성과 비용에 영향을 미쳐 소비와 투자를 간접적으로 조정한다.
환율경로	금리 변화는 자본흐름과 환율에 영향을 미쳐 수출과 수입을 변화시킨다.
기대경로	금리 변화는 경제주체들의 미래 경제상황에 대한 기대를 변화시켜 소비와 투자 결정을 조정하게 만든다.

금리가 작동할 때 vs. 작동하지 않을 때 ──────────○

금리는 경기순환과 경제활동에 선제적으로 영향을 미치는 강력한 도구이다. 그러나 모든 상황에서 금리가 동일한 역할을 수행하지는 않는다. 경기는 경기순환적 요인과 구조적 요인으로 움직이는데, 금리는 경기순환적 요인에 대해서는 선제적으로 작동하지만, 구조적 문제나 외부충격과 같은 요인에서는 그 역할이 제한적이다.

금리가 작동할 때: 경기순환적 문제 해결

금리가 가장 잘 작동하는 영역은 경기순환적 문제cyclical problem이다. 이는 단기적인 수요와 공급 변화, 투자 및 소비와 관련된 경제활동에 영향에 미치며, 통화정책으로 조정이 가능하다.

금리는 자금조달과 투자활동을 조절한다. 금리가 하락하면 기업들은 자금조달 비용이 낮아져 설비투자를 늘리고 사업을 확장한다. 이는 생산증가와 고용 확대를 유도하며 경제활동을 활성화하는 신호가 된다. 반대로 금리가 상승하면 기업의 자금조달 비용이 증가하여 투자가 감소하고 경기둔화의 신호로 작용한다.

금리는 소비자 지출에 영향을 미친다. 금리가 낮아지면 대출금리가 하락하면서 주택을 구매하거나 소비를 늘리는 경향이 나타난다. 이는 소비증가로 이어져 경기확장의 선행지표로 작용한다. 반대로 금리가 상승하면 대출 부담이 커져 소비를 억제하고 경기둔화를 예고한다.

금리는 자산가격에 직접적으로 작용한다. 금리가 낮으면 부동산이나 주식 같은 자산가격이 상승한다. 이는 소비와 투자심리를 긍정적으로 자극하며 경제 전반에 활력을 준다. 반대로 금리가 상승하면 자산가격이 제한되며, 이는 투자심리 위축으로 이어져 경기둔화의 신호가 될 수 있다.

금리로 물가와 경기예측이 가능하다. 중앙은행은 금리를 조정해 물가안정과 경기부양을 도모한다. 금리인하는 인플레이션 상승과 경기회복을 목표로 하며, 금리인상은 과열된 경제를 안정시키기 위해 사용된다.

금리가 작동하지 않을 때: 구조적 문제와 외부 충격

금리는 구조적 문제structural problem나 외부 충격과 같은 요인에서는 그 역할이 제한적이다. 이는 금리가 경제구조나 장기적 문제를 해결할 수 없다는 한계 때문이다.

금리는 경제의 기본구조를 변화시키는 데 한계가 있다. 예를 들어, 기술혁신의 정체나 산업구조 변화로 인한 생산성 저하는 금리 조정만으로 해결할 수 없는 구조적 성장 제약 요인이다. 기업의 연구개발은 금리보다 산업정책이나 인프라 투자에 더 크게 의존한다. 또한 인구고령화는 노동력 감소와 소비 둔화를 초래하며, 이는 금리인하로도 해결되지 않는 구조적 문제다. 전염병, 전쟁, 원자재 가격 급등과 같은 외부 충격이 경제에 큰 영향을 미칠 때에도 금리는 경기에 대한 선행 신호로 기능하기 어렵다.

이렇듯 금리는 경기순환적 문제를 해결하는 데 효과적인 선행지표로 작용하며, 단기적 경제 조정에 중요한 도구다. 그러나 구조적 문제, 외부 충격, 금리정책의 시차 효과와 같은 요인이 개입될 때는 금리의 역할이 제한적이다. 따라서 금리를 경기의 선행지표로 활용할 때는 경기순환적 요인과 구조적 요인을 명확히 구분하고, 금리 외에 경제정책, 산업정책 등 다양한 변수들을 종합적으로 고려해야 한다. 금리는 중요한 도구이지만, 경제의 모든 문제를 해결할 수 있는 만능 해법이 아니라는 점을 인식해야 한다.

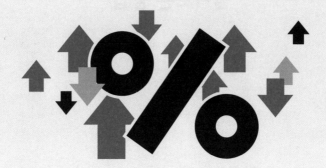

2

자본주의 신호등,
금리

가까운 미래를
알아보는 방법

경기선행지수는 6~9개월 후의 경제흐름을 예측하기 위해 설계된 지표들의 집합이다. 각 국가의 경제상황과 정책적 필요에 따라 구성 방식이 달라지며, 대표적으로 OECD 경기선행지수, 컨퍼런스보드 경기선행지수, 한국의 통계청 경기선행지수가 활용된다.

글로벌 OECD 경기선행지수 특징

· 글로벌 경제흐름을 포괄적으로 파악하는 데 초점을 둔 지표

· 제조업지수, 주가지수, 장단기 금리차 등으로 구성되며, 글로벌 경기전환점을 추적

· 개별 국가의 경제 특수성보다는 세계 경제의 흐름을 감지하는 데 목적이 있음

미국 컨퍼런스보드 경기선행지수 특징

· 신규 주문, 주식시장 지표, 소비심리 지표 등을 통해 미국 경제의 단기 변화를 예측

이 지수들은 단기적인 경제 변동성과 장기적인 예측 가능성의 균형을 잡아 경제주체들에게 신뢰할 수 있는 정보를 제공한다. 경제정책 결정, 기업전략 수립, 가계재정 계획 등 다양한 의사결정 과정에서 경기선행지수는 중요한 참고자료가 된다.

경제정책과 실물경제 간에는 일정한 시차가 존재한다. 정책이 발표되더라도 기업과 소비자의 반응을 통해 실질적인 변화가 나타나기까지 시간이 필요하기 때문이다. 6~9개월이라는 시차는 이러한 경제적 특성을 반영해 설정된 것으로 예측의 실용성과 정확성을 모두 충족시키는 최적의 기간이다.

6개월 이하의 짧은 시차를 목표로 하는 지표들은 단기적인 경기변동을 잘 반영하나 지속성이 약한 경우가 많다. 예를 들어, 주간 실업수당 청구건수, 소비자 신뢰지수, 주식시장 지표 등은 단기적인 변동을 민감하게 반영하지만 장기적 경기흐름을 예측하는 데 한계가 있다. 반대로 1년 이상의 긴 시차를 가지는 지표들은 급변하는 경제환경을 따라가지 못해 예측의 정확성과 적시성을 떨어뜨릴 가능성이 높다.

[표 3]에서와 같이 경기선행지수의 다양한 구성 요소 중에서도 금리는 경제흐름을 예측하는 데 필수적인 정보를 제공하는 핵심 변수이다. 이는 금리가 경제활동의 비용을 결정하고, 투자와 소비의 의사결정에 직접적인 영향을 미치기 때문이다.

특히, 금리는 경기흐름의 변화와 전환점을 포착하는데 있어 독보적인 역할을 한다. 금리변동은 경제의 과열과 침체를 가늠할 수 있는 주요 신호로 작용하며, 이를 이해하고 분석하면 경기예측의 정확성을 높이고 정책 대응의 적시성을 확보할 수 있다.

표 3 경기선행지수의 구성

	OECD 경기선행지수	컨퍼런스보드 경기선행지수	한국 경기선행지수
목적	글로벌 경기예측	미국 경기예측	한국 경기예측
특징	글로벌 경제 전반의 경기흐름 반영	미국 경제의 단기 변동에 민감	제조업 및 수출에 대한 반응 민감
제조업	제조업 생산량, 재고수준	제조업 신규주문, 소비재 신규주문	제조업 재고순환 지표
신규주문 및 수출입	신규주문, 수출입활동-무역규모	ISM 신규주문 지수, 자본재 신규주문 (항공, 국방 제외)	기계류 수입액, 순교역조건 (수출입물가비율)
금융시장	주가지수, 단기금리, 장단기 금리차	S&P500, 실질 M2 통화공급, 장단기 금리차	경제심리지수, 국제원자재 가격, 코스피, 장단기 금리차
소비자 및 기업신뢰	소비자 신뢰지수, 기업 신뢰지수	소비자심리지수	소비자신뢰도, 기업경기실사지수(BSI)
노동지표	고용수준, 실업률	주간 신규 실업청구 건수, 평균 주간근무 시간	경제활동 참가율
건설 및 주택시장	주택착공 및 건축허가, 부동산가격	신규 주택 건축 허가	건설수주액(경상, 민간)

기준금리:
경제 속도를 조절하는 핵심 스위치

기준금리는 초단기금리

기준금리가 초단기금리로 설정되는 이유

기준금리는 정책 목표를 달성하기 위해 설정된 초단기금리로서 대출금리와 예금금리에 즉각적으로 영향을 미쳐 소비, 투자, 물가, 경기에 영향을 미친다.

기준금리와 연관된 금리 용어

· 정책금리(Policy Rate): 중앙은행이 경제상황에 따라 조정하는 금리

· 콜금리(Call Rate): 금융기관 간 초단기 자금을 대출할 때 적용되는 금리

· 환매조건부채권 금리(Repo Rate): 일정 기간 후 재매입 조건으로 채권을 매매할 때 적용되는 단기금리

· 재할인율(Discount Rate): 중앙은행이 금융기관에 대출할 때 적용하는 금리

미국 연준은 초과지준금리IOER와 역환매조건부매매RRP를 통해 기준금리를 목표 범위에서 관리하고, 유럽중앙은행은 유로존 은행 간의 익일물 대출금리인 €STREuro Short-Term Rate로 관리하며, 일본은행은 금융기관 단기 자금거래에 형성되는 TONATokyo Overnight Average Rate를 활용하며, 한국은행은 콜금리Call Rate를 기준금리 수준으로 유도한다. 기준금리를 초단기금리와 연동하는 이유는 다음과 같다.

첫째, 금융정책의 즉각적 파급력을 확보하기 용이하다. 초단기금리는 금융기관 간의 자금거래에서 즉각적으로 반응한다. 기준금리를 초단기금리로 설정함으로써 중앙은행은 통화정책이 시장에 빠르고 직접적인 영향을 미칠 수 있다.

둘째, 효율적으로 단기유동성을 조절할 수 있다. 초단기금리는 중앙은행이 단기자금을 효과적으로 조절할 수 있는 장점을 제공한다. 기준금리가 초단기금리로 설정되면 중앙은행은 공개시장조작OMO 등으로 유동성을 조절해 금융시장의 안정과 유동성 공급을 원활하게 유지할 수 있다.

셋째, 장기금리는 중앙은행이 직접 통제하기 어렵다. 장기금리는 경제성장률, 인플레이션 전망 등 다양한 요인을 반영해 시장에서 자율적으로 결정되기 때문이다. 따라서 중앙은행은 초단기금리를 통해 단기시장에 먼저 영향을 주고 이를 신호로 삼아 장기금리에도 간접적인 파급효과를 유도한다.

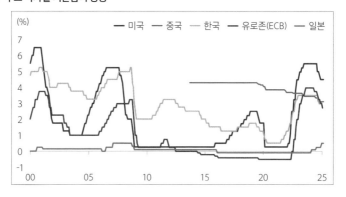

기준금리는 어떻게 금융기관을 움직이는가?

기준금리가 변동되면 금융기관은 단기금융시장을 통해 가장 먼저 영향을 받는다. 기준금리 인상으로 단기금융시장의 금리가 상승하면 금융기관의 조달자금 비용이 증가한다. 은행과 금융기관은 주로 단기차입에 의존하여 자금을 조달하므로 기준금리 인상은 영업마진 축소 및 수익성이 악화로 직결된다. 이에 따라 금융기관은 대출금리를 인상해 조달비용을 보전하려 하며, 이는 기업과 개인의 자금차입 비용 증가로 이어진다.

금리인상은 대출 수요와 경제활동에도 영향을 미친다. 대출금리가 상승하면 기업은 설비투자나 운영자금 차입을 줄이고, 개인은 주택구입과 같은 고액 소비를 자제하게 된다. 이로 인해 소비와 투자가 위축되며 경제 전반에 부담을 준다.

또한, 금융기관의 운용전략도 변화한다. 금리상승으로 예금과 단기금융상품의 수익률이 높아지면서 단기상품 투자가 선호되며, 장기채권은 평가가치가 하락해 손실이 발생할 가능성이 커진다.

유동성 관리 역시 중요한 과제가 된다. 금융기관은 단기자금으로 장기자산을 운용하는 구조를 사용하는 경우가 많은데, 금리가 상승하면 단기 조달비용이 증가하며 유동성 리스크가 커진다. 이를 완화하기 위해 추가적인 준비자금이 필요하며, 이는 금융기관 운영에 추가적인 부담을 준다.

결국 기준금리 변동은 금융기관의 자금조달 비용, 대출금리, 투자전략, 그리고 유동성 관리 전반에 걸쳐 영향을 미치며, 경제와 금융시장의 흐름을 조정하는 중요한 역할을 한다.

기준금리는 어떻게 자본주의를 움직이는가?

중앙은행은 금리를 통해 경기변동을 조절하며 경제안정을 추구한다. 금리정책은 경기 상황, 인플레이션 관리, 환율 안정 등 다양한 측면에서 자본주의 경제를 움직이는 핵심 수단이다.

첫째, 중앙은행은 금리를 인상하거나 인하하여 경기변동을 조절한다. 인플레이션이 높을 때는 기준금리를 인상하여 차입 비용을 높이고 소비와 투자를 억제한다. 반대로 경기침체 시에는 금리를 인하하여 차입을 촉진하고 경제활동을 활성화한다. 이는 소비자와 기업의 금융 결정을 직접적으로 유도해 경제 전반에 영향을 미친다.

2008년 글로벌 금융위기 당시 경기부양을 위해 기준금리는 0%에 근접했다. 이로 인해 소비자와 기업들이 대출을 통해 자금을 확보하고, 이를 통해 경기회복을 도모할 수 있었다. 반대로 2022년에는 인플레이션을 억제하기 위해 금리를 대폭 인상하여 소비와 투자를 억제했다.

둘째, 중앙은행은 금리를 통해 인플레이션 목표를 관리한다. 금리는 인플레이션 목표치를 유지하기 위해 중요한 도구다. 인플레이션이 목표치를 초과할 경우 금리를 인상하여 통화공급을 줄이고, 반대로 디플레이션 우려 시에는 금리를 인하해 경제를 부양한다. 이러한 금리정책은 물가의 안정성과 경제주체의 예측가능성을 높이는데 기여한다.

유럽중앙은행은 장기간 인플레이션 목표를 2%로 유지해왔다. 2010년대 초반 유로존 경제가 디플레이션 위기에 처했을 때 유럽중앙은행은 기준금리를 낮춰 인플레이션을 목표 범위 내로 올리려고 했다. 반대로 2022년 이후 인플레이션이 급등하면서 유럽중앙은행은 금리를 지속적으로 인상해 통화공급을 줄이고 물가안정을 꾀했다.

셋째, 중앙은행은 금리를 통해 환율 안정과 수출경쟁력 확보에도 기여한다. 금리변동은 환율에도 직접적인 영향을 준다. 금리가 오르면 해당 국가의 통화가치가 상승하고 수입물가가 안정된다. 한편 금리가 내리면 통화가치가 하락해 수출경쟁력을 높일 수 있다. 중앙은행의 금리조정은 결과적으로 경제 전반의 안정성과 성장 가능성을 높여 원활한 경제활동에 기여한다.

일본은행은 2012년 이후 경기부양을 위해 기준금리를 낮추면서 엔화약세를 유도해 수출경쟁력을 높였다. 이를 통해 일본의 수출산업은 세계

시장에서 가격경쟁력을 확보했고 수출이 증가했다. 반면 미국은 인플레이션을 억제하기 위해 금리를 올리면서 달러화 강세를 초래했고, 수입물가 안정에 기여했다.

이렇듯 중앙은행의 금리정책은 자본주의 경제에서 자금의 흐름과 경제활동을 조정하는 핵심적인 역할을 하며, 경제주체들이 안정적인 환경에서 경제활동을 할 수 있도록 돕는다.

기준금리 신호등

기준금리가 인상 또는 인하되기 전에는 금융 및 경제에서 나타나는 공통적인 신호가 있다. 이들 신호를 알아볼 수 있다면 기준금리의 인상과 인하 전에 미리 대비할 수 있을 것이다. 그렇다면 각국의 중앙은행들은 어떤 상황에서 기준금리의 인상 또는 인하를 고려할까?

기준금리 인상의 신호

첫째, 경제과열 징후가 보일 때

· **경제성장률 급등:** GDP 성장률이 급격히 상승하면 경제가 과열될 수 있다. 중앙은행은 경제가 지나치게 뜨거워지는 것을 막기 위해 금리를 인상할 수 있다.

· **높은 인플레이션:** 소비자물가지수CPI와 생산자물가지수PPI가 상승하면 인플레이션 압력이 증가하는 것으로 중앙은행은 금리를 인상하여 인플레이션을 억제할 수 있다.

둘째, 노동시장 강세가 지속될 때

· **저실업률:** 실업률이 낮고 고용이 증가하면 노동시장이 과열되고 임금상승 압력이 커질 수 있다. 이로 인해 중앙은행은 금리를 인상할 가능성이 높다.

· **임금상승:** 임금상승이 인플레이션을 부추길 수 있어, 중앙은행은 금리인상으로 이를 제어할 수 있다.

셋째, 투자심리가 투기적으로 변할 때

· **높은 자산가격 상승:** 주식시장이나 부동산시장에서 자산가격이 급등하면 중앙은행은 금리를 인상하여 자산버블을 막을 수 있다.

· **과열된 투자심리:** 자산가격의 과도한 상승과 투기적 과열은 금리인상의 신호일 수 있다.

넷째, 통화정책 전망이 매파적으로 변할 때

· **중앙은행의 금리인상 발언:** 중앙은행의 위원들이 금리인상 가능성을 언급하거나 금리인상 계획을 발표하면, 이는 금리인상의 신호로 작용한다.

다섯째, 장단기 금리 스프레드가 확대될 때

· **단기금리와 장기금리 스프레드 확대:** 단기금리가 상승하는 가운데 장기금리가 더 큰 폭으로 상승하면 금리인상의 신호로 해석될 수 있다.

기준금리 인하의 신호

첫째, 경제둔화 징후가 보일 때

· **경제성장률 둔화:** GDP 성장률이 둔화되거나 경기침체가 우려될 때, 중앙은행은 경제를 자극하기 위해 금리를 인하할 수 있다.

· **낮은 인플레이션:** 소비자물가지수와 생산자물가지수가 낮거나 디플레이션 우려가 있을 때, 중앙은행은 금리를 인하하여 인플레이션을 촉진할 수 있다.

둘째, 노동시장 약세가 지속될 때

· **높은 실업률:** 실업률이 높거나 고용 증가가 둔화되면 중앙은행은 금리를 인하하여 고용을 촉진할 수 있다.

· **임금 정체:** 임금상승이 둔화되면 소비가 줄어들 수 있어, 중앙은행은 금리를 인하하여 소비를 촉진할 수 있다.

셋째, 투자심리가 과도하게 위축될 때

· **자산가격 하락:** 주식시장이나 부동산시장에서 자산가격이 하락하면, 중앙은행은 금리인하를 통해 자산시장을 지원할 수 있다.

· **투자심리 악화:** 경제불확실성이나 금융시장의 불안정성으로 인해 투자심리가 악화되면 금리인하를 통해 시장에 자극을 줄 수 있다.

넷째, 통화정책 전망이 비둘기파적으로 변할 때

· **중앙은행의 금리인하 발언:** 중앙은행의 위원들이 금리인하 가능성을 언

급하거나 금리인하 계획을 발표하면, 이는 금리인하의 신호로 작용한다.

다섯째, 장단기 금리 스프레드가 축소될 때

· **단기금리와 장기금리 스프레드 축소:** 단기금리보다 장기금리 하락폭이 더 큰 상황이 지속되면 금리인하의 신호로 해석될 수 있다.

표 4 기준금리 신호등: 인상 vs. 인하

	기준금리 인상	기준금리 인하
경제상황	경제성장률 상승, 높은 인플레이션	경제성장률 둔화, 낮은 인플레이션
노동시장	낮은 실업률, 임금상승	높은 실업률, 임금정체
투자심리	자산가격 상승, 과열된 투자심리	자산가격 하락, 투자심리 약화
통화정책 전망	중앙은행의 금리인상 발언	중앙은행의 금리인하 발언
금리 스프레드	단기금리와 장기금리 스프레드 확대	단기금리와 장기금리 스프레드 축소

국채금리:
정부의 돈줄과 시장의 신호

국채는 정부가 돈을 빌리는 수단

국채는 정부지출을 위한 재원을 조달할 목적으로 정부가 발행하는 채권을 말한다. 채권시장은 나라에 따라 다르지만 주식시장의 규모와 비슷하거나 더 크다. 미국·일본·유럽 등 주요국은 채권시장이 GDP의 2배 이상에 이를 정도로 규모가 크며, 이는 이들 국가의 금리정책이 글로벌 시장에 미치는 영향력을 보여준다.

표 5 국가별 채권시장 규모 비교

	한국	미국	유로존	일본	중국
주식시장	약 1.7조 달러	약 63조 달러	약 6조 달러	약 6조 달러	약 12조 달러
채권시장	약 2.5조 달러	약 50조 달러	약 18조 달러	약 12조 달러	약 20조 달러
국채/채권	약 40%	60%	55%	65%	50%
주식/GDP	1.2배	2.5배	0.8배	1배	0.7배
채권/GDP	1.5배	2.5배	1.6배	2.4배	1.2배

정부가 발행하는 채권은 크게 할인채권, 이표채권, 물가연동채권의 세 가지로 구분할 수 있다.

첫째, 할인채권은 일반적으로 만기가 1년 이내인 단기채권으로 대표적인 할인발행 단기채권의 예로는 재정증권, T-bill 등이 있다. 할인채권은 표면이자가 0%로 이자가 지급되지 않는다. 대신, 액면가에서 할인된 가격에 매입해 만기에 액면가로 상환받는 구조다. 표면이자가 없어 이자에 대한 과세가 없으며, 할인된 금액만큼 자본차익이 발생한다.

둘째, 이표채권은 고정된 이자(표면이자)를 정기적으로 지급받는 가장 일반적인 형태의 채권이다. 한국에서는 국고채(만기 2~50년), 미국에서는 T-NOTE(중기채권), T-BOND(초장기채권)로 불린다. 이표채권은 채권 입찰 시 표면이자가 정해지며, 액면가에 표면이자를 곱한 금액을 약정된 지급 방식(분기, 반기, 연간)에 따라 이자로 지급받는다.

셋째, 물가연동채권은 원금과 이자가 물가에 연동되어 실질구매력을 보호하는 채권이다. 한국에서는 물가채, 미국에서는 TIPS로 불린다. 채권의 가장 큰 약점은 물가상승에 취약한 것이다. 물가연동채권은 이런 단점을 보완한 형태로 원금과 이자를 물가에 연동시켜 물가변동 위험을 제거함으로써 투자자의 실질구매력을 보호한다. 물가가 상승하면 원금과 이자가 상승하고, 물가가 하락하면 원금과 이자가 하락한다. 따라서 물가가 상승하는 시기에는 국채보다 상대적으로 선호된다. 다만 국채에 비해 발행규모가 적고 투자 수요도 제한적인 단점이 있다.

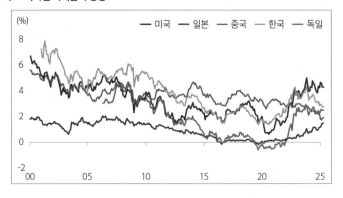

국채는 어떻게 자본주의를 움직이는가?

국채는 통화정책, 경기부양, 그리고 환율 및 자본흐름 관리의 수단으로 자본주의 경제를 움직이는 중요한 메커니즘이다.

첫째, 정부는 국채를 발행하여 부족한 재정을 충당하고, 이를 통해 인프라, 복지, 산업 지원 등 다양한 경제활동을 추진한다. 이를 통해 단기적으로는 고용 창출과 생산성 향상에 기여하고, 장기적으로는 경제성장의 기반을 다지는 역할을 한다.

2012년 일본 정부는 오랜 저성장과 디플레이션 문제를 해결하기 위해 재정지출을 크게 늘렸다. 국채 발행을 통해 자금을 조달하여 대규모 인프라 투자와 고용 창출에 나섰다. 이 과정에서 일본은행은 국채를 대규모로 매입하여 정부의 재정지출을 뒷받침했다. 이로 인해 일정 부분 GDP 회복 효과가 있었지만 국채 비율이 GDP 대비 240%를 넘을 만큼 급등하는 부작용도 발생했다.

둘째, 중앙은행은 국채 매입과 매도를 통해 시장에 유동성을 공급하거나 흡수하며, 이를 통해 금리를 조절하여 경제활동을 안정시킨다. 이 과정에서 국채는 통화정책의 주요 도구로 사용되며, 특히 경기부양 또는 억제 시에 중요한 역할을 한다.

2008년 금융위기 당시 미국은 경기침체와 금융시장 불안을 해소하기 위해 연준이 국채와 주택저당증권MBS을 대규모로 매입하는 양적완화 정책을 시행했다. 2020년 코로나 팬데믹 때에도 연준은 경기침체를 막기 위해 다시 한번 양적완화를 실시했다. 이때 국채 매입을 확대해 시장에 유동성을 공급함으로써 소비와 투자를 촉진하고, 금융시장의 불안을 해소하는데 기여했다.

셋째, 국채금리는 환율변동과 해외 자본흐름에 영향을 미친다. 특히 높은 금리의 국채는 외국인 투자자들에게 매력적인 투자처가 되어 자본유입을 촉진하며, 환율을 강화하는데 기여한다.

2022년 연준이 인플레이션을 억제하기 위해 국채금리를 인상하면서, 달러가 강세를 보였다. 미국 국채금리가 상승하자 높은 수익률을 찾아 글로벌 자본이 미국으로 유입되었고, 이는 달러가치를 높이는 결과를 초래했다. 특히 높은 달러 환율은 신흥국에 자금유출 압박을 가해 경제 전반에 영향을 주었다. 미국 국채금리는 자본주의 시스템에서 자금 흐름을 조정하는 강력한 수단임을 알 수 있다.

국채금리 신호등 ———————————————— ○

국채는 안정성과 시장의 규모면에서 가장 안전한 자산으로 평가받지만, 국채금리의 변동은 강력한 경제 시그널로도 해석된다. 국채는 정부지출을 위한 재원을 확보할 목적으로 발행되는 것과 동시에 통화정책, 경기부양, 그리고 환율변동과 자본흐름의 관리 수단으로도 활용되기 때문이다. 그렇다면 어떤 상황에서 국채금리는 상승하거나 하락할까?

금리상승의 신호

첫째, 경제성장 기대가 형성될 때

· **높은 GDP 성장률:** 경제성장이 빠르면 중앙은행은 금리를 인상할 가능성이 높다. 이로 인해 채권금리가 상승할 수 있다.

· **강력한 고용지표:** 고용 증가는 경제의 과열을 암시하며, 금리인상을 초래할 수 있다.

둘째, 인플레이션 압력이 높아질 때

· **높은 소비자물가지수**CPI: 인플레이션 압력이 커지면 중앙은행은 금리를 인상하여 인플레이션을 억제하려 할 수 있다. 이는 채권금리의 상승으로 이어진다.

· **생산자물가지수**PPI **상승:** 생산자물가가 오르면 기업의 비용이 증가하고, 이는 소비자가격 상승으로 이어질 수 있어 채권금리 상승의 신호가 될 수 있다.

셋째, 금리정책 변화가 예상될 때

· **기준금리 인상**: 중앙은행의 기준금리 인상은 채권금리의 상승을 유발할 수 있다.

넷째, 재정정책과 정부 부채가 늘어날 때

· **정부의 대규모 재정적자**: 정부가 대규모 재정적자를 기록하면 채권 발행이 증가하고, 이는 채권금리 상승을 초래할 수 있다.

· **정부 부채 증가**: 정부 채무가 증가하면 채권투자자의 수익률 요구가 높아져 채권금리가 상승할 수 있다.

다섯째, 시장심리 변화가 나타날 때

· **채권시장에서의 매도 압력**: 투자자들이 채권을 매도하고 주식과 같은 다른 자산에 투자하려 할 때 채권금리가 상승할 수 있다.

· **위험선호 심리**: 경제 전망이 개선되면, 투자자들은 채권을 매도하고 위험자산 비중을 높인다.

금리하락의 신호

첫째, 경제둔화 기대가 형성될 때

· **낮은 GDP 성장률**: 경제성장률이 둔화되면 중앙은행은 금리를 인하할 수 있다. 이로 인해 채권금리가 하락할 수 있다.

· **고용 감소**: 실업률 증가나 고용이 둔화되면 경기둔화를 시사하며, 중앙은행이 금리를 인하할 수 있다.

둘째, 인플레이션이 둔화될 때

· **낮은 소비자물가지수**[CPI]: 인플레이션이 낮거나 디플레이션 우려가 있을 때, 중앙은행은 금리를 인하하여 경제를 자극할 수 있다.

· **생산자물가지수**[PPI] **하락**: 생산자물가의 하락은 인플레이션 압력 감소를 의미하며, 이는 채권금리의 하락으로 이어질 수 있다.

셋째, 금리정책 변화가 예상될 때

· **기준금리 인하**: 중앙은행의 기준금리 인하는 채권금리의 하락을 초래할 수 있다.

넷째, 재정정책과 정부 부채가 줄어들 때

· **정부의 경기부양책**: 경기침체 상황에서 정부가 경기부양을 위한 정책을 발표하면 유동성 확대 기대로 채권금리가 하락할 수 있다.

· **정부 부채 감소**: 정부 부채가 감소하면 채권투자자의 수익률 요구가 줄어들어 채권금리가 하락할 수 있다.

다섯째, 시장심리 변화가 나타날 때

· **채권시장에서의 매수 압력**: 투자자들이 안정성을 추구하며 채권을 매수할 때 채권금리가 하락할 수 있다.

· **위험회피 심리**: 경제불확실성이 클 때 투자자들이 위험자산에서 벗어나 안전자산인 채권으로 이동할 수 있다.

표 6 국채금리 상승 신호 vs. 하락 신호

	국채금리 상승	국채금리 하락
경제상황	높은 GDP성장률, 강력한 고용지표	저성장 GDP, 고용 감소
인플레이션 압력	높은 소비자물가지수, 생산자물가지수 상승	낮은 소비자물가지수, 생산자물가지수 하락
통화정책 변화	기준금리 인상	기준금리 인하
재정정책 및 정부부채	대규모 재정적자, 정부 부채 증가	정부의 경기부양책, 정부 부채 감소
시장 심리	채권시장 매도 압력, 위험선호 심리	채권시장 매수 압력, 안전자산 선호

회사채 금리:
기업의 건강 상태를 읽는 방법

회사채는 기업이 돈을 빌리는 수단

회사채는 기업이 자금을 조달하기 위해 발행하는 채권으로, 은행 대출이나 주식 발행과는 다른 독자적인 방식이다. 기업은 대출보다 긴 만기와 낮은 조달비용이 필요할 때, 또는 주식 발행으로 주주가치가 희석될 위험을 피하려 할 때 회사채를 활용한다.

회사채 투자에서 가장 큰 위험은 신용위험이다. 신용등급이 낮은 기업일수록 디폴트(상환불이행) 위험이 높아지며, 이러한 기업은 투자자를 유인하기 위해 높은 금리로 채권을 발행한다. 일반적으로 회사채는 국채보다 디폴트 위험이 크기 때문에 더 높은 금리를 제공하지만, 신용등급이 높은 기업의 회사채는 국채에 버금가는 안정성을 보이기도 한다.

실제로 IBM, 마이크로소프트, 애플 같은 글로벌 기업의 회사채[3]는 견고한 재무구조와 브랜드 경쟁력을 바탕으로 안정적인 투자 대상으로 평가받는다. 이들 기업은 꾸준한 수익창출 능력과 높은 시장점유율을 바탕으로 국채보다 더 매력적인 대안이 될 수 있다.

회사의 신용등급은 기본적인 평가 기준이지만, 투자 시에는 보다 폭넓은 분석이 필요하다. 재무상태는 부채비율과 현금흐름 등으로 재정적 안정성을 점검하고, 사업전망은 업종 내 경쟁력과 시장환경을 통해 성장가능성을 평가하며, 업종 특성은 경기민감도와 안정적 수익 가능성을 검토해야 한다. 특히 혁신적인 기술이나 독창적인 비즈니스 모델을 가진 신생기업은 신용등급이 낮더라도 높은 성장 가능성을 바탕으로 매력적인 투자 기회가 될 수 있다. 따라서 회사채 투자는 단순히 위험과 금리를 비교하는데 그치지 않고, 기업의 경쟁력과 성장성을 종합적으로 평가하는 접근이 필요하며, 이는 투자자에게 더 나은 수익과 안정성을 제공할 수 있다.

---

[3] 글로벌 신용평가사 S&P 기준, 글로벌 대표 기업 신용등급 현황(높은 순)
마이크로소프트: AA+, 애플: AA+, 월마트: AA, 아마존: A, 코스트코: A, IBM: BBB+, 테슬라: BB+
※참고: S&P500 기준, 국가 신용등급은 미국 AA+(안정적), 한국 AA(안정적). (2024.12월 기준)

차트 3 미국 회사채와 국채 금리차 동향

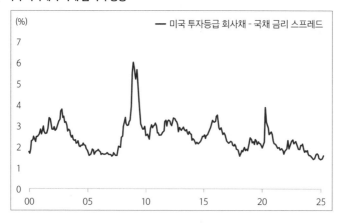

회사채는 어떻게 자본주의를 움직이는가?

회사채는 자본시장에서 기업의 자금조달 수단으로 자본주의 경제의 핵심 동력 중 하나이다. 이를 통해 기업은 생산성 향상과 성장을 위한 자금을 확보하고, 금융시장에는 유동성을 공급하며, 투자자에게는 중요한 신용위험 평가 및 투자 기준을 제공한다.

첫째, 회사채는 기업 성장을 위한 자금조달 방법이다. 기업은 채권을 발행함으로써 생산성 향상, 연구개발, 신규 프로젝트에 대한 자금을 확보할 수 있다. 2013년 애플은 170억달러 규모의 회사채를 발행해 자금을 확보했으며, 이 자금으로 신제품 개발과 전략적 인수를 진행함으로써 기업 성장을 가속화했다.

둘째, 회사채는 금융시장에 유동성을 제공한다. 회사채는 투자자에게 다양한 투자 옵션을 제공하고 유동성을 높인다. 특히 위기 상황에서는 중앙은행이 회사채시장 안정화를 위해 개입하기도 한다. 2020년 코로나 팬데믹 당시, 미국 연방준비위원회는 회사채 매입 프로그램을 도입하여 기업의 유동성을 지원하고 금융시장 신뢰를 회복시켰다.

셋째, 회사채 금리는 신용위험 평가와 기업 투자의 기준이 된다. 회사채 금리는 기업의 신용등급에 따라 결정된다. 높은 신용등급을 가진 기업은 낮은 금리로 자금을 조달할 수 있는 반면, 신용등급이 낮은 기업은 높은 금리를 부담해야 한다. 이는 투자자에게 재무건전성 및 경영능력을 평가하는 기준이 된다.

예를 들어, 글로벌 신용평가사에서 대한민국 신용등급과 유사한 평가를 받는 삼성전자는 국채금리에 준하는 낮은 금리로 회사채를 발행할 수 있지만, 신용등급이 낮은 중소기업은 상대적으로 높은 금리로 발행해야 한다. 따라서 회사채 발행금리를 보면 회사의 재무적 역량을 파악할 수 있으며, 같은 등급이라도 상대적인 자본시장 경쟁력을 비교함으로써 투자 위험을 줄일 수 있다.

회사채 스프레드 신호등

회사채는 그 자체로도 매력적인 투자 대상이지만, 금융 및 경제에서는 회사채와 국채의 금리차를 활용하여 경제 시그널로 해석한다. 일반적으로 경기가 불황일때는 회사채와 국채의 금리의 차이가 확대되는 반면, 경기가 좋아질 때는 금리차가 축소된다. 스프레드가 확대 또는 축소되는 과정에서는 공통적인 신호가 있다.

스프레드 확대의 신호

첫째, 경제둔화 우려가 높아질 때

· **낮은 GDP 성장률:** 경제성장률이 둔화되면 기업의 수익성이 악화될 우려가 커지고, 이는 회사채의 신용위험 증가로 이어진다. 그 결과 스프레드가 확대될 수 있다.

· **실업률 증가:** 고용시장의 약화는 소비 지출 감소로 이어지며, 이는 기업 실적에 부정적인 영향을 미쳐 회사채 스프레드가 확대될 수 있다.

둘째, 기업의 신용위험이 증가할 때

· **부실기업 증가:** 기업부도율이 증가하거나 대출연체율이 높아지면 기업의 신용위험이 커지고, 이는 스프레드 확대로 나타날 수 있다.

· **기업실적 악화:** 기업의 수익성 감소나 부채 증가 등 신용위험 요소가 커지면 회사채의 스프레드가 확대될 수 있다.

셋째, 금리정책 변화가 예상될 때

· **금리인상 발표:** 중앙은행의 금리인상은 기업의 자금조달 비용을 증가시킬 수 있으며, 이는 회사채의 신용위험 증가로 이어져 스프레드가 확대될 수 있다.

· **통화긴축 우려:** 통화긴축 우려가 커지면 자금조달이 어려워지고, 회사채의 스프레드가 확대될 수 있다.

넷째, 시장심리 변화가 나타날 때

· **위험회피 심리:** 경제불확실성 증가나 금융시장의 변동성이 커지면 투자자들이 안전자산으로 이동하면서 회사채에 대한 위험 프리미엄이 높아져 스프레드가 확대될 수 있다.

다섯째, 금융위기 또는 불안요인이 증폭될 때

· **금융시장의 불안정성:** 금융시장의 위기나 불안정성이 커지면 투자자들이 회사채의 위험을 회피하려 하고, 이는 스프레드 확대로 나타날 수 있다.

· **대규모 부도 사건:** 대규모 기업 부도나 채무불이행 사건이 발생하면 투자심리가 급속히 위축되며, 회사채 스프레드가 급격히 확대될 수 있다.

스프레드 축소의 신호

첫째, 경제회복이 기대될 때

· **높은 GDP 성장률:** 경제성장률이 회복되면 기업의 수익성이 증가하고, 이는 신용위험 감소로 이어져 회사채 스프레드가 축소될 수 있다.

· **고용 증가:** 실업률 감소와 고용 증가는 기업의 수익성 개선을 시사하며, 신용위험 감소 시그널로 작용한다. 이는 스프레드 축소로 연결될 수 있다.

둘째, 기업의 신용위험이 감소할 때

· **기업실적 개선:** 기업의 수익성 회복은 신용위험을 낮추는 요인이며, 이로 인해 회사채 스프레드가 축소될 수 있다.

· **부채관리 개선:** 부채비율이 낮아지고 상환능력이 개선되면, 기업의 신용위험이 감소하여 스프레드가 축소될 수 있다.

셋째, 금리정책 변화가 예상될 때

· **금리인하 발표:** 중앙은행의 금리인하는 기업의 자금조달 비용을 낮춰 신용위험 완화에 기여할 수 있으며, 이는 회사채 스프레드 축소로 이어질 수 있다.

· **통화완화 정책:** 통화완화 정책이 시행되면 자금조달이 용이해지고, 회사채 스프레드가 축소될 수 있다.

넷째, 시장심리 변화가 나타날 때

· **위험선호 심리:** 경제가 안정되거나 회복 조짐이 보이면 투자자들이 위험자산에 대한 투자에 나서며, 회사채 스프레드가 축소될 수 있다.

다섯째, 금융 안정성이 높을 때

· **금융시장 안정:** 금융시장의 안정성이 회복되면 회사채에 대한 신뢰가 높아지고, 이는 스프레드 축소로 이어질 수 있다.

· **기업 신용등급 상승:** 기업의 신용등급이 상승하거나 신용등급 전망이 긍정적으로 바뀌면 스프레드가 축소될 수 있다.

표 7 회사채 스프레드 확대/축소 신호등

	회사채 스프레드 확대	회사채 스프레드 축소
경제상황	저성장 GDP, 실업률 증가	높은 GDP성장률, 고용 증가
중앙은행 정책	금리인상 발표, 통화긴축 우려	기업실적 개선, 부채관리 개선
기업 신용 위험	부실기업 증가, 기업실적 악화	금리인하 발표, 통화완화 정책
시장 심리	위험회피 심리	위험선호 심리
금융 안정성	금융시장의 불안정성, 대규모 부도 사건 발생	금융시장 안정, 기업 신용등급 상승

실질금리:
투자 판단의 진짜 기준

실질금리는 채권투자의 기회비용

채권투자에서 명목금리는 표면적인 정보만을 제공한다. 단순히 금리가 높고 낮음을 나타내는 수준으로, 이를 기준으로 채권가치를 온전히 평가하기는 어렵다. 반면 실질금리는 물가를 반영하므로 현재 금리가 경제의 기초 여건 대비 과도한지 혹은 부족한지를 판단하는데 유용하다. 이는 채권시장의 과열 여부나 저평가 상태를 빠르고 명확히 분석할 수 있도록 돕는다.

실질금리란 명목금리에서 물가상승률을 뺀 값으로, 투자자가 채권에 투자했을 때 실질적으로 얼마만큼의 보상을 기대할 수 있는지 나타내는 지표이다. 실질금리가 높으면 물가 대비 더 많은 보상을 받을 수 있어 채권투자의 매력이 높고, 실질금리가 낮거나 음수라면 물가상승으로 인해 실질구매력이 감소할 가능성이 커지므로 채권의 매력도가 하락한다. 실제로 경제상황에 따라 실질금리는 변하는데, 호황기에는 민간의 신용수요가 증가하고 자본 경쟁이 심화되면서 실질금리가 상승한다. 반면 불황기에는 투자회수율이 중시되고 채권수요가 증가하며 실질금리가 하락한다.

실질금리의 세 가지 특징을 이해하면, 채권시장의 메시지를 보다 명확하게 해석할 수 있다.

첫째, 실질금리는 일반적으로 양의 값(+)을 가진다. 채권수익률이 적어도 물가상승보다 높아야 투자의 이익이 발생하기 때문이다. 실제로 1970년대와 같이 인플레이션이 역사적 평균을 훨씬 웃도는 상황을 제외하고는 대부분 양의 값으로 나타났다.

둘째, 통화정책에 대한 신뢰도가 클 때는 실질금리가 낮아지는 경향이 있다. 그린스펀, 벤 버냉키 시대처럼 연준의 인플레이션 억제 능력에 대한 신뢰가 높았던 시기에는 실질금리가 낮게 유지되었다.

셋째, 실질금리에 가장 큰 영향을 미치는 변수는 기대 인플레이션이다. 기대 인플레이션이 상승하면 물가에 대한 더 높은 보상이 필요하다. 기대 인플레이션과 금리 상승의 상대적인 수준에 따라 실질금리는 변동한다. 만약 통화정책이 기대 인플레이션보다 뒤쳐지거나 완화적이면 실질금리는 낮게 유지되고, 기대 인플레이션보다 강한 통화정책이 실행되면 실질금리는 올라간다.

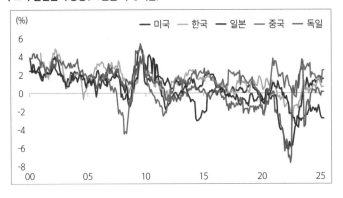

차트 4 주요국 실질금리 동향(10년물 국채 기준)

실질수익률은 어떻게 자본주의를 움직이는가?

실질수익률은 인플레이션을 감안한 투자수익률로, 자본주의 경제에서 자본흐름, 투자결정, 소비심리를 결정짓는 중요한 지표이다. 실질수익률은 투자자와 소비자의 경제적 행동에 영향을 주어 경제의 활력을 조절하며, 다음과 같은 구체적인 방식으로 자본주의를 움직인다.

첫째, 실질수익률이 상승하면 글로벌 자본이 유입된다. 실질수익률이 상승하면 자본이 국채와 같은 안전자산으로 유입된다. 특히 실질수익률 상승은 투자자들이 다른 투자 기회와 비교할 때 국채와 같은 자산의 매력도를 높이는 역할을 한다.

2022년 연준은 인플레이션 억제를 위해 기준금리를 인상했고 미국채 실질수익률도 상승했다. 그 결과, 글로벌 자본이 안전자산으로 평가되는 미국 국채로 유입되었고, 달러강세와 맞물리면서 미국에 대한 투자 매력이 증가했다. 이는 자본흐름의 변화를 일으켜 신흥국에서는 자본유출이 가속화되고 금리가 인상되는 등 금융시장에 파급효과를 미쳤다.

둘째, 투자 및 소비심리도 영향을 받는다. 실질수익률이 상승하면, 투자자와 소비자가 지출을 줄이고 자산축적을 선호하는 경향이 생긴다. 반대로 실질수익률이 낮아지면 소비와 투자가 증가하여 경제활동이 활발해진다.

2102년 아베노믹스 당시, 일본은 장기간 디플레이션에 시달리면서 소비가 위축되고 경제가 침체되었다. 이를 해결하기 위해 일본 정부는 통화완화 정책을 통해 실질수익률을 낮추는 정책을 펼쳤다. 실질수익률이 낮아지자 투자자들은 더 높은 수익을 위해 위험자산에 투자하기 시작했고, 소비자들도 대출을 받아 지출을 늘렸다. 이로 인해 일본은 소비와 투자 증가를 통한 경기활성화를 어느 정도 달성할 수 있었다.

셋째, 인플레이션 압력과 경제적 불균형을 조정한다. 실질수익률은 인플레이션 압력에 따른 경제적 불균형을 조정하는데 중요한 역할을 한다. 예를 들어, 실질수익률이 너무 낮으면 자산거품이 형성될 수 있고, 너무 높으면 경기가 위축될 수 있다. 중앙은행은 실질수익률을 조정하여 과열이나 과도한 위축을 막아 경제적 균형을 유지하고자 한다.

유럽중앙은행은 2010년대 후반부터 2020년대 초반까지, 저금리 정책을 장기적으로 유지하면서 유로존의 실질수익률을 마이너스 영역에서 유지했다. 이에 따라 유럽의 투자자들은 실질수익률이 낮은 국채 대신 부동산과 같은 자산에 투자하면서 주요 도시의 부동산 가격이 급등하는 현상이 나타났다. 이후 유럽중앙은행은 기준금리 인상을 통해 실질수익률을 높이는 방식으로 자산거품을 조정하고자 했다.

실질금리 신호등 ———————————————————— ○

실질금리가 상승하는 것은 명목금리와 물가상승률의 차이가 확대되는 것을 의미하며, 이는 경제의 강력한 회복을 나타낼 수 있다. 반면 실질금리가 하락하는 것은 명목금리와 물가상승률의 차이가 줄어드는 상태를 의미한다. 이는 경제의 성장둔화와 경기하강기에 주로 나타난다.

실질금리 상승 신호

첫째, 경제성장과 수익률 기대가 높아질 때

· 실질금리가 높아지는 시점은 일반적으로 경기회복기나 경제확장기와 일치한다. 기업들의 실적 개선과 고용시장 호조로 인해 투자자들은 높은 수익을 기대하며, 실질금리가 높아지면 자산투자에 대한 매력이 상대적으로 커진다. 이는 투자자들이 안전자산보다는 위험자산에 대한 투자 비중을 늘리는 시기로 이어진다.

둘째, 인플레이션 통제가 기대될 때

· 중앙은행이 금리를 인상하거나 통화긴축 정책을 통해 인플레이션을 억제하는 방향으로 나아갈 때 실질금리가 높아진다. 이 경우 중앙은행의 인플레이션 억제 신호가 강화되며, 시장에서는 물가상승률이 낮

아질 것으로 예상한다. 이는 실질금리 상승으로 이어지며, 장기적으로 안정적인 경제성장의 기반이 될 수 있다.

셋째, 저축 증가와 소비 감소가 나타날 때

· 실질금리가 상승하면 가계와 기업은 저축을 선호하는 경향이 증가한다. 예금에서 얻는 실질 수익이 높아지기 때문에 소비가 다소 위축될 수 있으며, 이는 투자로 이어지는 자금이 늘어나는 원인이 되기도 한다.

실질금리 하락 신호

첫째, 경기둔화와 수익률이 하락할 때

· 실질금리 하락은 경제가 침체기나 둔화 국면에 접어들 때 주로 나타난다. 중앙은행은 금리인하를 통해 경기부양을 시도하며, 이는 채권수익률을 하락시키는 원인이 된다. 실질금리가 낮아지는 것은 경제성장에 대한 기대가 낮아지는 것을 반영하며, 안전자산으로 자금이 이동할 가능성이 높아진다.

둘째, 인플레이션 우려가 높아질 때

· 중앙은행이 확장적 통화정책을 유지하며 명목금리가 낮게 유지될 때, 물가상승이 그보다 더 빠르게 진행될 가능성이 있다. 실질금리 하락은 인플레이션에 대한 우려를 자극할 수 있으며, 이는 장기적으로 경제 전반에 부담이 될 수 있다. 이 경우, 인플레이션 헷지 자산(예: 금, 부동산) 수요가 증가할 수 있다.

셋째, 소비와 투자가 증가할 때

· 실질금리가 낮을 때 가계와 기업은 저축보다 소비나 투자를 선호하게
되다. 실질금리 축소는 대출비용을 낮추고 신용을 촉진하여 소비와 투
자를 장려하는 효과가 있다. 이는 경기가 침체에서 회복될 가능성이
있을 때 중요한 역할을 한다.

표 8 실질금리 확대/축소 신호등

	실질금리 확대 시	실질금리 축소 시
경제상황	경제성장, 확장기	경기둔화, 침체기
중앙은행 정책	긴축정책, 금리인상	완화정책, 금리인하
채권시장	채권수익률 상승, 가격 하락	채권수익률 하락, 가격 상승
소비/투자 경향	저축 증가, 소비 감소	소비 증가, 투자 확대

3

중앙은행이 금리로
경기를 이끄는 방법

연방준비제도

연방준비제도의 탄생

미국의 금융 시스템은 19세기 내내 불안정했다. 1907년에는 큰 규모의 금융위기가 발생해 은행들이 대규모 파산을 겪었고, 이는 곧 민간은행 시스템의 한계를 드러내는 계기가 되었다. 당시 금융위기를 진정시키는 데 큰 역할을 한 J.P. 모건 같은 개인의 개입에만 의존하던 상황이 문제로 지적되며 중앙은행의 필요성이 대두되었다.

이에 따라 1913년 미국 의회는 연방준비법Federal Reserve Act을 통과시켜 연방준비제도Federal Reserve, Fed를 출범시켰다. 연방준비제도는 통화공급을 조절하고 은행 시스템의 안정성을 유지하며, 경제의 건전한 성장을 도모하는 역할을 맡았다. 연준의 주요 목적은 금융시장의 안정성 확보, 고용 극대화, 물가안정이라는 세 가지 목표를 중심으로 경기조절 기능을 수행하는 것이었다. 그 결과 통화정책의 목표는 물가안정과 완전고용이 되었다.

연준 통화정책의 대표적인 성공 사례는 2008년 글로벌 금융위기 이후의 양적완화Quantitative Easing, QE 정책이다. 2008년 글로벌 금융위기 당시 연준은 전통적인 금리인하만으로는 경제회복에 한계가 있다고 판단하여 양적완화 정책을 도입했다. 이는 중앙은행이 국채와 주택저당증권MBS을 대규모로 매입해 시중에 유동성을 공급하는 방식이다. 이 정책을 통해 미국 경제는 경기침체에서 점진적으로 회복되었고, 자산가격 상승과 소비촉진 효과도 있었다. 양적완화는 경제를 안정시키고 금융 시스템의 붕괴를 막는 데 중요한 역할을 했다.

한편 최악의 정책은 1970년대 스태그플레이션 대응 실패와 관련 있다. 1970년대 미국 경제는 높은 인플레이션과 실업률 증가라는 이중고에 시달렸으나 연준은 스태그플레이션(경기침체 속 물가상승) 상황에서 효과적인 대응에 실패했다. 인플레이션보다는 경기침체를 더 심각한 문제로 판단했기 때문에 통화완화 정책을 고수했고, 그 결과 인플레이션은 오히려 악화되었다. 이후 1980년대 폴 볼커 의장이 금리를 대폭 인상하여 인플레이션을 통제했지만 경제는 큰 충격을 받았다.

이렇듯 통화정책은 경제안정에 핵심적이지만, 상황에 따라 경기침체와 인플레이션 중 어디에 우선순위를 둘 지에 따라 결과가 크게 달라질 수 있다.

중앙은행과 정부의 정책 공조 ─────────────── ○

중앙은행은 독립적인 통화정책을 운영해야 하지만, 실제로는 완전한 독립성을 유지하기 어렵다. 이는 중앙은행의 주요 목표인 물가안정과 완전고용이 정부의 재정정책과 상호의존적으로 작동하기 때문이다.

예를 들어, 경기부양을 위한 정부의 재정지출은 중앙은행의 저금리 정책이 뒷받침해야 효과가 극대화된다. 또한 정부부채가 누적된 상황에서는 중앙은행의 금리정책도 재정안정을 고려한 절충이 불가피하다. 이처럼 중앙은행은 경제정책의 큰 틀에서 정부와 긴밀히 연결될 수밖에 없는 구조적 한계를 가진다.

연방준비제도와 정부의 관계는 시대별 경제위기와 정치적 목표에 따라 긴밀히 공조하거나 갈등을 겪으며 변화를 보여 왔다. 1970년대 닉슨 행정부는 재선을 위해 통화정책에 정치적 압력을 가하며 스태그플레이션을 초래한 반면, 2008년 금융위기와 2020년 팬데믹 당시 연준은 오바마와 바이든 행정부의 대규모 재정정책을 뒷받침하며 경제회복과 안정에 기여했다. 특히 연준의 양적완화와 저금리 정책은 정부의 경기부양책과 시너지 효과를 내며 경제를 빠르게 회복시켰고, 장기적인 성장기반을 구축하는 데도 중요한 역할을 했다.

이러한 사례들은 중앙은행이 정치적 압력에서 완전히 자유로울 수 없음을 보여주며, 통화정책의 결정과 효과를 이해하기 위해서는 정부 정책의 맥락을 고려하여 판단할 필요가 있다.

리처드 닉슨 대통령과 아서 번스 연준 의장

1970년대 초, 리처드 닉슨 대통령은 재선을 앞두고 경제 성과를 극대화하기 위해 경기부양 정책을 추진했으며, 당시 연준 의장이었던 아서 번스는 이러한 정치적 목표를 지원하기 위해 인플레이션이 심각한 상황에서도 금리인상을 적극적으로 추진하지 않았다.

경제학자들은 닉슨이 번스에게 금리인상 억제를 압박한 결과로 보고 있으며, 이로 인해 물가상승 압력이 제때 통제되지 못했다. 결국 이는 1970년대 중후반 스태그플레이션으로 이어졌고, 닉슨은 경기부양을 통해 재선에는 성공했지만 경제는 심각한 후유증을 겪게 되었다.

오바마 대통령과 벤 버냉키 연준 의장

2008년 금융위기 이후, 연준은 즉각적인 금리인하와 양적완화 프로그램을 도입하며 금융 시스템을 안정시키고 경기회복을 도모했다. 당시 연준 의장이었던 벤 버냉키는 비전통적인 통화정책을 통해 대규모 자산매입 프로그램을 시작해 시장에 유동성을 공급했다. 동시에 오바마 행정부는 약 7,870억 달러 규모의 재정지출과 세금감면을 포함한 대규모 경기부양책인 미국재건 및 재투자법ARRA을 시행하며 경제회복과 실업문제 해결을 목표로 삼았다.

연준의 자산매입 정책은 정부의 재정지출이 시장에 효과적으로 흡수되고, 경제가 점진적으로 회복되는 데 필요한 자금을 공급하는 역할을 했다. 결과적으로 정부의 재정정책과 연준의 통화정책은 긴밀히 공조하며 경기침체를 방지하고 고용회복에 기여했다. 연준은 명목상 독립적이었으나 실질적으로 정부의 경기회복 목표를 적극 지원하는 방향으로 정책을 운영했다.

바이든 대통령과 파월 연준 의장

2020년 코로나 팬데믹이 시작되자, 연준은 즉각 기준금리를 인하하고 7,000억 달러 규모의 자산매입 프로그램을 통해 금융시장에 유동성을 공급했다. 당시 파월 의장은 국채와 주택저당증권 매입을 통해 금융 시스템의 신용경색을 완화하며, 정부의 대규모 경기부양책이 효과를 발휘할 수 있는 기반을 마련했다.

2021년 3월, 바이든 행정부는 약 1.9조 달러 규모의 미국구조계획ARP을 발표했다. 미국구조계획은 가계에 1,400달러의 현금 지급, 실업수당 연장, 주·지방정부 재정 지원을 포함하여 팬데믹으로 인한 경제적 충격을 완화하고 실업문제를 해결하려는 목표를 담았다. GDP의 약 9%에 해당하는 이 계획은 빠른 경기회복을 도모했으며, 특히 저소득층과 중산층을 직접적으로 지원함으로써 경제적 불평등 완화에도 기여했다. 연준은 이에 맞춰 완화적 통화정책을 유지하며 미국구조계획의 지원금이 소비로 이어지도록 뒷받침했고, 이는 투자와 고용 증가로 연결되며 경제 반등을 가속화했다.

같은 해 11월, 바이든 행정부는 1조 달러 규모의 인프라 투자법을 통과시키며 도로, 교량, 철도 등 대규모 인프라 프로젝트를 추진했다. 이러한 장기적 재정정책은 경제기반을 강화하고, 특히 고용창출을 통해 미국 경제의 구조적 안정성을 확보하려는 의도를 담았다. 연준은 경제회복 속도가 빨라지자 2021년 말부터 테이퍼링[4]을 점진적으로 시행하며 통화정책과 재정정책 간 균형을 맞추고자 했다.

이러한 정책의 이면에는 단순한 경기회복을 넘어 민주당의 정치적 지배력을 강화하려는 전략이 자리 잡고 있었다. 미국구조계획과 인프라 투자법은 경제적 불평등을 완화하고 저소득층과 중산층의 지지를 공고히 함으로써 '큰 정부'의 역할을 국민에게 각인시키는 데 기여했다. 특히 미국구조계획은 공화당 강세 지역에서도 일정 수준의 지지를 확보하며, 민주당이 2022년 중간선거에서 정치적 우위를 점할 수 있는 기반을 마련했다. 이는 경제회복을 통해 국민의 삶을 직접적으로 개선하면서 민주당의 정책적 성공을 부각하려는 의도를 반영한 결과였다.

금리 결정 메커니즘

미국 연방준비제도는 기준금리 조정을 통해 통화정책을 운용하며, 주요 목표는 물가안정과 완전고용이다. 연준은 경제상황에 따라 금리정책을 유연하게 조정하며, 호황기에는 금리를 인상해 인플레이션을 억제하고 침체기에는 금리를 인하해 경제를 부양한다. 특히 달러화는 글로벌 기축통화 역할을 하기 때문에 연준의 금리정책은 미국 뿐만 아니라 세계 경

---

4   양적완화 정책의 규모를 점진적으로 축소해나가는 것.

제와 금융시장에 큰 영향을 미치며, 신흥국 경제에도 민감하게 작용한다.

최근 연준은 2024년 하반기부터 금리인하 사이클로 전환하며 경기상황에 대응하고 있다. 코로나 팬데믹 당시 제로 금리정책을 시행해 경제안정을 도모했으나 급격한 물가상승을 경험하게 되었고, 결국 2022년부터는 빠른 기준금리 인상을 통해 물가상승을 억제했다. 유례없이 빠른 속도의 기준금리 인상으로 물가는 안정되었고, 높은 금리에도 성장이 지속되면서 2024년 하반기부터는 점진적인 기준금리 인하를 진행하고 있다.

연준이 금리인상 또는 금리인하를 결정할 때는 경제 전반의 다양한 변수를 종합적으로 고려한다. 연준의 금리 결정 메커니즘은 크게 다음 네 단계로 구분된다.

첫 번째, 경제지표를 점검한다. 성장률, 물가상승률, 고용률 등 주요 경제지표를 분석해 경제의 현재 상태와 향후 전망을 평가한다. 두 번째, 금융시장 상황을 점검한다. 금융시장의 유동성, 신용스프레드, 자산가격 변동 등 금융 시스템의 안정성을 점검한다. 세 번째, 글로벌 경제 여건을 검토한다. 국제무역, 외환시장 동향, 주요 국가들의 경제정책 등을 통해 글로벌 환경 변화를 반영한다. 마지막으로 정책적 요소를 살핀다. 정부의 재정정책, 사회적 요구, 정치적 환경 등을 간접적으로 고려해 정책 조정의 필요성을 판단한다.

특히, 연준은 통화정책을 결정할 때 물가안정과 고용 극대화라는 이중목표를 달성하기 위해, 광범위한 경제지표와 시장데이터를 통합적으로 분석한다. 또한 시장 기대와 정책 신뢰를 유지하기 위해 예측 가능성을 중요하게 여긴다. 연준이 통화정책을 결정하는 단계별 메커니즘을 따라가다 보면 가까운 미래의 통화정책 결정 및 기대 효과를 예측할 할 수 있다.

 연방준비제도의 금리 결정 메커니즘

1단계: 경제지표 점검

(1) 고용 및 노동시장

- **실업률**: 실업률은 경기과열 및 경기둔화의 신호로 간주.
- **비농업부문 고용지수**: 매달 발표되며 노동시장 활황 여부를 보여줌.
- **노동참여율**: 노동시장 내 인구 비중의 변화를 파악.
- **임금상승률**: 임금상승이 인플레이션 압력으로 이어질 가능성을 평가.

(2) 물가

- **소비자물가지수^{CPI}**: 특히 근원 CPI를 중요하게 고려.
- **개인소비지출 물가지수^{PCE}**: 연준이 가장 선호하는 물가지수.
- **생산자물가지수^{PPI}**: 공급망 단계에서의 물가상승 압력을 평가.
- **기대 인플레이션**: 소비자와 시장참여자의 기대를 정책에 반영.

(3) 경제성장

- **GDP 성장률**: 경제 전반의 성장 속도를 확인.
- **산업생산지수**: 제조업, 광업, 공공사업 부문에서의 생산량 변화.
- **소매판매**: 소비활동의 강도를 반영.

(4) 소비 및 투자

- **소비자 신뢰지수:** 소비심리가 경제활동에 미치는 영향을 판단.

- **기업투자 지표:** 기업의 설비투자 상황 및 계획 평가.

- **주택시장 지표:** 신규 주택 판매 및 주택 착공 지수.

- **주택가격지수:** 자산시장 내 과열 여부와 경제리스크를 판단.

2단계: 금융시장 상황

(1) 금리

- **미국 국채금리:** 특히 2년물, 10년물 금리가 중요.

- **장단기 금리차:** 장단기 금리 역전은 경기침체 신호로 간주.

(2) 금융 스트레스 지표

- **BBB등급 스프레드:** 고위험 채권과 안전자산 간 스프레드 변화로 금융
  시장 위험 평가.

- **금융상황지수:** 금리, 신용스프레드, 주가 등을 종합한 지표.

(3) 주식 및 신용시장

- **주가 수준:** S&P500 등 주요 지수.

- **기업 신용시장 상태:** 부도율, 회사채 스프레드.

3단계: 글로벌 경제 여건

- **글로벌 성장률 전망:** IMF, OECD 보고서를 참고.

- **주요국 통화정책:** 유럽중앙은행, 일본은행, 중국인민은행 등 주요국 중
  앙은행의 정책 동향.

- **환율**: 달러 강세/약세에 따른 경제적 영향 판단.

- **국제 유가**: 공급 요인에 의한 인플레이션 압력을 유발할 수 있는 핵심 변수.

4단계: 정책적 요소

- **재정정책**: 정부지출과 세금정책이 경제에 미치는 영향을 평가.

- **정치적 상황**: 부채한도 협상, 정부 셧다운 등 정책 불확실성.

- **금융규제 변화**: 은행과 금융기관에 대한 규제 강도 변화.

5단계: 기타 고려사항

- **기후 및 천재지변**: 허리케인, 가뭄 등이 경제활동에 미치는 효과.

- **기술 변화**: 생산성 향상과 경제구조 변화.

중국인민은행

중국인민은행의 탄생 ──────────────○

중국인민은행People's Bank of China은 1948년에 설립되었다. 당시 중국은 국공내전(국민당과 공산당 간의 내전)이 막바지에 다다른 상황이었고, 중국 공산당은 새로운 통화 시스템과 경제구조를 만들기 위해 중앙은행이 필요했다. 초기에는 중앙은행, 상업은행, 정책은행의 역할을 동시에 수행했으며, 경제개방 이전까지는 자금배분과 계획경제 운영을 위한 도구로서 중요한 역할을 했다.

그러나 1978년 덩샤오핑의 개혁개방 이후, 중국 경제가 시장경제 체제로 전환되면서 중국인민은행도 독립적인 중앙은행으로써의 역할이 더욱 중요해졌다. 현재 중국인민은행은 중국의 통화정책 수립과 금융 시스템의 안정성을 유지하는 핵심 기관이다.

중국인민은행 정책 중 대표적인 성공 사례는 2008년 글로벌 금융위기 이후의 경기부양책이다. 2008년 글로벌 금융위기 당시, 중국인민은행은 빠르게 대규모 재정 및 통화부양책을 실시했다. 중국 정부는 4조 위안(약 5,860억 달러) 규모의 경기부양 패키지를 발표했고, 중국인민은행은 대출규제를 완화하고 금리를 인하해 대규모 투자와 인프라 프로젝트를 촉진했다. 그 결과, 중국 경제는 위기 상황에서도 8% 이상의 높은 성장률을 기록하며 글로벌 경제회복에 기여했다.

반면, 2015년 주식시장 붕괴 대응 실패는 최악의 정책 실패 사례로 꼽힌다. 2015년 중국 주식시장은 거품이 형성되면서 급격히 상승했지만, 이후 갑작스러운 폭락으로 수천억 달러의 시가총액이 증발했다. 중국인민은행은 시장안정화를 위해 금리인하와 유동성 공급을 시도했으나, 불투명한 정책과 시장의 신뢰 부족으로 인해 주식시장 붕괴를 막지 못했다. 또한 불투명한 정부의 개입은 오히려 시장심리를 저하시켜, 경제 전반에 부정적인 영향을 미쳤다.

중앙은행과 정부의 정책 공조

중국에서도 정부와 중앙은행(중국인민은행)은 협력하여 정치적 목표를 달성하는 사례가 많다. 특히 중국의 특수한 정치체제에서는 정부와 중앙은행 간의 협력 구조가 매우 긴밀하게 이루어지며, 정책적 안정성과 정치적 목표를 동시에 달성하는 중요한 수단으로 활용된다.

이러한 구조는 경제성장, 고용창출, 물가안정, 그리고 국가의 국제적 경쟁력을 강화하는 데 중요한 역할을 한다. 예를 들어, 정부는 특정 산업부문의 성장을 촉진하기 위해 금리를 조정하거나, 필요한 경우에는 중국인민은행이 신속하게 유동성을 공급하여 정책목표를 지원한다. 이러한 공조는 특히 장기적인 경제목표와 사회적 안정을 동시에 추구하는 데 중요한 역할을 한다. 중국에서 정부와 중국인민은행의 정책 공조가 나타난 주요 사례를 살펴보자.

일대일로와 금융지원 : 2013년

일대일로一帶一路는 중국이 추진한 거대한 인프라 투자 프로젝트로 아시아, 아프리카, 유럽 등지에서 대규모 인프라 프로젝트를 통해 중국의 정치적·경제적 영향력을 확장하는 것이 목표였다. 이 프로젝트에서도 정부와 중앙은행의 협력이 필수적이었다.

정부는 외교적으로 일대일로 참여국들과 협력 관계를 강화하고, 국영기업들이 해당 지역에서 활동할 수 있는 제도적 지원을 마련했다. 이에 맞춰 중국인민은행은 해외 인프라 프로젝트를 지원하기 위해 저금리 대출을 제공하고, 중국 국영은행들이 해외에 적극적으로 자금을 공급할 수 있도록 해외대출 확대 정책을 뒷받침했다. 이를 통해 중국 기업들이 해외 인프라 프로젝트를 수행하는 데 필요한 자금을 중앙은행의 지원으로 마련할 수 있었다.

또한 일대일로를 통해 중국은 위안화의 국제적 사용 확대를 도모했다.

중국 기업들이 해외에서 위안화로 거래하고, 중앙은행은 이를 통해 위안화의 국제적 신뢰도를 높이고자 했다.

중국 제조 2025와 경제구조 전환

2015년 중국 정부는 '중국 제조 2025' 계획을 발표했다. '중국제조 2025'는 중국이 제조업 분야에서 글로벌 경쟁력을 확보하고, 첨단기술 중심의 산업구조로 전환하려는 국가 전략으로, 궁극적으로는 중국의 산업 자립성을 강화하고 글로벌 기술 패권 경쟁에서 우위를 점하려는 목표를 가졌다.

이 계획을 실현하기 위해 중국인민은행은 완화적인 통화정책을 시행하여 저금리 대출과 유동성을 공급하고, 첨단 제조업과 신흥산업에 필요한 자금을 원활히 제공했다. 정부는 이에 맞춰 산업보조금과 세제혜택을 제공하고, 국가 차원의 대규모 투자를 진행하여 전략적 산업에 집중적인 자원을 투입했다. 특히 기술혁신과 연구개발에 대한 대규모 투자는 기업의 경쟁력을 강화하고, 중국 제조업의 글로벌 경쟁력을 높이는 데 중요한 역할을 했다.

중국은 미국과의 무역 갈등 속에서 자국의 기술력과 제조 역량을 강화하고 대외의존도를 줄이기 위해, 반도체, 인공지능AI, 로봇 등 첨단산업에서 자급자족을 목표로 했다. 이러한 정부와 중앙은행 간의 협력은 경제성장을 위한 중요한 동력이 되었으며, 중국의 산업구조 전환을 가속화하는 핵심적인 역할을 했다.

부동산 거품 억제와 금융 리스크 관리: 2017년 이후

2017년 이후, 중국 정부는 부동산시장의 과열을 억제하고 금융 리스크를 관리하기 위해 중국인민은행과 협력하여 일련의 부동산 규제 정책을 시행했다. 이는 장기적인 경제안정성과 금융 시스템의 건전성을 유지하려는 정치적 목표와 밀접하게 연관되어 있다. 부동산시장의 과열은 사회적 불만을 초래하고, 지나치게 상승한 부동산 가격은 금융 시스템에 심각한 리스크를 유발할 수 있기 때문에, 정부와 중앙은행은 이를 안정시키기 위한 정책 공조를 강화했다.

중국인민은행은 금리인상과 대출규제를 통해 부동산시장 과열을 억제하려 했으며, 특히 부동산 대출의 조건을 강화하고 개발업체에 대한 금융 리스크 관리를 강화하는 등 과잉 투자 및 투기적 거래를 차단하는 데 집중했다. 이에 맞춰 정부는 부동산 규제를 강화하여 투기적 수요를 억제하고, 주택가격의 급등을 방지했다. 또한 주택은 단순한 투자 대상이 아니라 서민의 주거 안정성을 위한 기본적인 자원으로 삼자는 시진핑 주석의 기조 아래 서민 중심의 정책을 추진했다. 정부와 중국인민은행의 협력은 부동산시장을 안정시키고, 금융 시스템의 건전성을 유지하기 위한 중요한 수단이었다.

코로나 팬데믹 대응: 2020년

2020년 코로나 팬데믹은 중국 경제에 심각한 충격을 주었고, 이에 대응하기 위해 중국 정부와 중국인민은행은 긴밀히 협력하여 경제회복을 촉진하는 정책을 추진했다. 이 시기의 중앙은행과 정부의 공조는 경제적 충격을 완화하고 사회적 안정을 도모하는 데 중요한 역할을 했다.

중국인민은행은 금리를 인하하고 유동성을 공급하여 중소기업과 가계에 자금을 지원했다. 특히 코로나로 큰 타격을 입은 산업에 대한 재정적 지원을 강화하고, 정책 대출 프로그램을 통해 주요 산업에 집중적인 자금 투입을 진행했다. 이는 기업의 생존과 회복을 돕고, 소비가 위축된 경제상황에서 유동성을 충분히 공급하려는 조치였다.

정부는 경기부양을 위한 대규모 인프라 투자와 소비촉진 정책을 추진하여 경제회복을 도모했다. 빠른 경제회복을 통해 국민들의 경제적 불만을 해소하고, 사회적 안정을 유지하려는 목표가 핵심이었다. 또한 중국은 글로벌 경제회복을 선도하는 이미지를 구축하려 했다. 중국은 경제회복을 통해 글로벌 공급망 안정과 경제 리더십을 강조함으로써, 세계 경제 내 위상을 제고하려는 전략적 목표도 병행했다.

금리 결정 메커니즘

중국인민은행의 목표는 경제성장 촉진과 금융 시스템의 안정성을 유지하는 것이다. 인플레이션 조절과 고용 증진도 중요한 목표지만, 중국은 빠른 경제성장과 구조조정을 우선시한다. 특히 최근에는 부동산시장과 금융 리스크를 관리하는 데 집중하고 있다.

중국은 경제성장률을 유지하기 위해 유연한 통화정책을 채택하고 있다.

금리와 준비금 비율 조정, 신용공급 조절 등 다양한 수단을 활용하며, 양적완화와 같은 통화완화 정책을 필요에 따라 시행한다. 최근 몇 년간 중국은 경기둔화와 부동산시장의 불안정성을 해결하기 위해 금리인하와 유동성 공급 확대를 병행해왔다.

중국은 통화정책의 유연성을 강조하며, 금리인상과 인하를 경제성장 상황과 금융 안정성에 맞춰 조절한다. 다른 주요 경제국들과 달리 중국은 국가 주도의 경제성장 전략을 통해 통화정책을 조정하며, 글로벌 경제상황보다는 내부 경제 문제에 집중한다. 또한 금융시장의 안정성을 위해 국가 차원에서 적극적인 개입을 하는 특징이 있다.

중국인민은행은 통화정책을 통해 주로 경제성장, 물가안정, 금융안정, 환율안정의 네 가지 목표를 추구한다. 다만, 중국은 사회주의 시장경제 체제라는 특수성 때문에, 중앙은행의 통화정책은 거시경제 목표 외에도 정부의 경제계획 및 정책적 우선순위와 밀접하게 연계된다. 주요 고려 사항은 다음과 같다.

 중국인민은행의 금리 결정 메커니즘

1단계: 경제지표 점검

(1) 경제성장

- GDP 성장률: 정부가 설정한 경제성장 목표치와의 차이를 모니터링.
- 산업생산지수: 제조업과 광업 등 경제활동의 강도를 측정.

- **고정자산투자**: 인프라 및 부동산 개발 등 투자 활동의 강도를 분석.

- **소매판매**: 소비증가와 경제성장 간 연계성 평가.

(2) 물가

- **소비자물가지수**CPI: 민생안정과 구매력 변화의 핵심 지표로 중시.

- **생산자물가지수**PPI: 제조업체의 비용 압력 및 공급망 인플레이션을 파악.

- **기대 인플레이션**: 소비자와 기업의 물가전망.

(3) 고용

- **실업률**: 특히 도시 지역의 실업률 변화에 주목.

- **청년 실업률**: 중국 특유의 높은 청년 실업률 문제는 민생 안정에 중요한 변수로 작용.

2단계: 금융시장 상황

(1) 금리

- **중기유동성지원창구 금리**MLF: 은행 간 중기대출 금리를 통해 정책 신호를 전달.

- **대출우대금리**LPR: 실질적인 시장지향적 기준금리. 중국인민은행이 직접 설정하지 않지만 MLF 금리를 기준으로 은행이 산정하며, 정책 방향이 반영됨.

(2) 유동성 지표

- **사회융자총액**TSF: 비은행 부문을 포함한 민간 전체의 자금조달 규모를 나타내며, 실물경제로의 신용 흐름을 파악하는데 활용.

- **M2 통화공급량**: 광의통화(M2)의 증가율을 통해 시장 유동성 평가.

- 은행 지급준비율RRR: 대출 가능성을 결정하는 주요 유동성 정책 도구.

(3) 부채 및 신용

- **기업부채 비율:** 민간과 국유기업의 부채 구조와 조달 형태를 분석하며, 특히 부실채권NPL 비율 및 만기 구조에 대한 점검이 핵심임.
- **지방정부 부채:** 지방정부의 채무가 금융 시스템에 미치는 영향을 평가.
- **부동산 대출:** 부동산시장 안정화를 위한 대출 모니터링.

(4) 주식 및 자산시장

- **부동산 가격:** 부동산 거품 및 투자 과열 방지를 위한 정책 도구로 활용.
- **증시 동향:** 상하이증권거래소 및 선전증권거래소의 주요 지수.

3단계: 환율 및 외환시장

- **위안화 환율**USD/CNY: 위안화 안정성을 통해 수출경쟁력 확보.
- **외환보유액:** 외환보유고 수준은 환율안정 및 위기 대응 여력을 보여줌.
- **실질 실효환율**REER: 수출과 수입 균형을 평가.

4단계: 정책적 요소

(1) 중앙정부의 경제계획

- **5개년 계획:** 정부의 중장기 경제개발 목표에 따라 통화정책 방향 설정.
- **쌍순환 전략:** 내수와 수출의 균형적 성장을 목표로 통화정책 조율.

(2) 사회 안정

- **민생 안정:** 물가 급등, 실업문제, 주택가격 폭등 등 사회적 불안을 초래할 수 있는 요인을 통제.

- **중소기업 지원:** 신용대출, 세금감면 등을 통해 민간부문 활성화.

(3) 부동산 규제

- '주택은 투기 대상이 아니라 거주 대상'이라는 정책 방향에 따라, 부동산 대출 규제 및 유동성 정책을 병행.

(4) 국제 금융

- **BRICS 및 디지털 위안화**CBDC**:** 글로벌 금융 리더십 강화와 디지털화 추진.

5단계: 글로벌 경제 여건

- **미국 통화정책 변화:** 연준의 금리정책이 자본유출입 및 환율에 미치는 영향을 평가.

- **국제 유가 및 원자재 가격:** 수입 비용이 물가에 미치는 영향을 분석.

- **글로벌 성장률 전망:** 대외의존도가 높은 중국의 특성상 글로벌 수요 변화가 중요.

일본은행

일본은행의 탄생

일본은행Bank of Japan은 일본 최초의 중앙은행으로 1882년에 설립되었다. 그 이전까지 일본은 근대적인 금융 시스템이 갖춰지지 않은 상태였고, 메이지 유신(1868년) 이후 급속한 산업화와 경제성장을 뒷받침하기 위해 중앙은행의 필요성이 대두되었다.

일본은 메이지 유신을 통해 서구식 금융 시스템을 도입하기 시작했고, 독일과 벨기에의 중앙은행 모델을 참고하여 일본은행을 설립했다. 당시 일본은행의 주요 임무는 통화발행을 통제하고, 금융 안정성을 확보하며, 일본 경제의 성장을 지원하는 것이었다. 일본은행은 전쟁 중에 전쟁자금 조달 역할도 했으나, 전후 일본 경제 부흥기 동안 독립적인 통화정책 운영을 통해 경제회복과 성장을 지원하는 역할을 강화했다.

일본은행의 대표적 통화정책 성공 사례는 2020년 코로나 팬데믹 대응이다. 2020년 코로나 팬데믹 당시, 일본은행은 금리를 낮추고 기업에 대출을 제공하는 프로그램을 도입하는 등 신속하게 대응했다. 일본은행은 일본 국채와 상장지수펀드ETF를 대규모로 매입하며 금융 시스템 안정과 경제부양을 도모했다. 이로 인해 일본 경제는 심각한 침체를 피할 수 있었고, 특히 기업이 자금조달에 어려움을 겪지 않도록 한 정책은 경제회복에 긍정적인 역할을 했다.

글로벌 금융사에 남은 가장 치명적인 실수는 1990년대 자산버블 붕괴 후의 디플레이션 대응 실패이다. 1980년대 일본은 자산가격이 급격히 상승하며 경제호황을 누렸지만, 1990년대 초 버블이 붕괴하며 경제가 심각한 침체에 빠졌다. 당시 일본은행은 금리인하와 같은 적극적 대응이 부족했으며, 이로 인해 일본 경제는 장기간 디플레이션에 시달렸다. 중앙은행의 소극적인 대응으로 인해 경제회복이 지연되었고 '잃어버린 10년'이라 불리는 장기불황이 이어졌다.

중앙은행과 정부의 정책 공조

일본은 장기적인 디플레이션과 성장둔화에 대응하기 위해 정부와 일본은행은 긴밀한 협력을 이어왔다. 특히 아베노믹스 기간에 일본은행은 초저금리 정책과 대규모 양적완화를 시행하며 경제부양을 위한 주요 역할을 맡았다.

그러나 최근 글로벌 인플레이션 압력과 엔화가치 하락 문제 등 새로운 도전이 제기되면서 일본은 정책 공조의 방향을 재조정해야 했다. 일본은행과 정부의 협력은 경제적 목표와 정치적 목표를 동시에 달성하려는 방향으로 여러 차례 실현되었고, 다음은 주요 정책 공조 사례들이다.

아베노믹스와 일본은행의 협력

2012년 아베 신조 총리는 '아베노믹스'라는 경제활성화 정책을 발표하며 경제침체에서 벗어나려고 했다. 아베노믹스는 크게 세 개의 화살(재정정책, 통화정책, 구조개혁)로 이루어졌으며, 이중 통화정책은 일본은행의 적극적인 협조가 필요했다.

아베 총리는 일본은행의 독립성에도 불구하고, 대규모 양적완화와 국채 매입을 통해 경제를 부양할 것을 요구했다. 이 과정에서 일본은행 총재로 구로다 하루히코를 임명하여 정부 정책을 적극적으로 지원하도록 유도했다.

초저금리 정책과 양적완화(QE)

일본은 1990년대부터 경제불황과 디플레이션 문제를 겪어왔다. 이에 대응하기 위해 일본은행은 초저금리 정책을 시행하며 금리를 장기적으로 낮게 유지하고 있다. 일본은 세계에서 가장 낮은 금리를 유지하고 있으며, 2016년에는 마이너스 금리 정책을 도입하기도 했다. 이러한 초저금리 환경은 일본 경제가 디플레이션을 탈피하고 경기부양을 목표로 한 정책의 일환이다.

더불어 일본은행은 대규모 자산매입 프로그램인 양적완화를 실행하여, 금융시장에서 유동성을 공급하고 금리를 추가적으로 낮추는 효과를 도모하고 있다. 일본은행은 국채와 ETF를 매입하면서, 자산가격을 안정시키고 경제의 신뢰를 유지하려 했다.

일본은행은 정부에 협조하여 국채와 ETF를 적극적으로 매입하며 자산가격을 안정시키고 엔화가치를 약화시켜 일본 수출을 촉진하는 데 기여했다. 이 정책은 경기부양과 디플레이션 극복을 목표로 하였으며, 이를 통해 아베 총리는 정치적 입지를 강화하고 장기 집권을 위한 기반을 마련하는 데 성공했다. 아베노믹스는 일본 경제성장의 반등 계기를 가져왔고, 중앙은행의 협력이 없었다면 이와 같은 성과를 거두기는 어려웠을 것이다.

부채 문제 해결을 위한 장기국채 매입

2013년 이후, 일본 정부는 재정적자와 부채 문제를 해결하기 위해 대규모 국채 발행을 이어갔고, 이에 일본은행은 국채 매입을 통해 정부의 자금조달을 지원했다. 일본은행은 장기국채 매입 프로그램을 통해 일본 정부가 재정지출을 확대하고, 경기부양책을 실행할 수 있도록 지원했다. 이러한 통화정책은 일본 정부가 저금리로 자금을 조달할 수 있게 하여, 국가 부채 문제를 보다 안정적으로 관리하는 데 기여했다.

일본은행은 또한 수익률곡선 통제Yield Curve Control, YCC 정책을 통해 장기 금리를 0%로 유지하여 정부의 재정지출을 지원했다. 이는 일본 정부가 막대한 국가 부채를 부담하면서도, 낮은 금리로 자금을 확보할 수 있게 해 주었다. 일본은 세계에서 가장 높은 국가 부채를 가진 나라 중 하나로 재정건전성 유지가 중요한 정치적 목표였지만, 중앙은행의 협력 덕분에 일본 정부는 재정건전성을 유지하면서도 경기부양을 위한 적극적인 지출을 할 수 있었다.

수익률곡선 통제(Yield Curve Control, YCC)

일본은행은 최근 수익률곡선 통제(YCC)라는 정책을 도입했다. YCC는 특정 만기 국채의 수익률을 목표로 설정하고, 이를 유지하기 위해 국채를 매입하거나 매도하는 정책이다. 이를 통해 일본은행은 장기금리를 억제하고, 시장에 유동성을 공급하면서도 국채수익률을 안정적으로 유지하려 했다. YCC 정책은 일본이 경제회복을 위해 금리상승을 억제하고자 하는 의도를 반영하며, 물가상승에 대한 우려가 없는 한 금리를 낮게 유지하려는 일본의 경제정책을 지원한다.

소비세 인상과 경기부양 정책

일본 정부는 재정건전성을 강화하기 위해 2014년과 2019년에 두 차례 소비세를 인상했다. 그러나 소비세 인상은 소비위축과 경기둔화를 초래할 수 있기 때문에, 이를 완화하기 위한 경기부양책이 필요했다. 일본은행은 이러한 소비세 인상의 부정적인 영향을 완화하기 위해 양적완화 정책을 더욱 강화했다.

또한 일본은행은 국채와 ETF의 대규모 매입을 통해 시장에 유동성을 공급하고, 경기둔화를 방지하려는 노력을 지속했다. 초저금리 정책을 통해 기업과 가계의 자금조달이 원활하게 이루어지도록 지원했으며, 소비세 인상이 소비자 심리에 미치는 위축 효과를 완화하는 데 중점을 두었다.

금리결정 메커니즘

일본은행은 장기적인 디플레이션과 저성장 문제를 해결하기 위해 독특한 금리정책을 운영해왔다. 일본은 1990년대부터 초저금리와 양적완화

정책을 지속적으로 시행하여 세계에서 가장 낮은 금리를 유지하고 있으며, 최근에는 장기국채 수익률을 억제하기 위해 수익률곡선 통제 정책까지 도입했다.

일본의 이 같은 금리정책은 다른 주요 경제국들의 금리정책과 방향성이 크게 다르다. 일본은행은 디플레이션을 억제하기 위해 저금리와 국채 매입을 통한 경기부양에 집중하고 있지만, 다른 선진국들이 금리인상에 나서고 있는 상황과 대조적이다. 2020년대 초반에도 일본은 글로벌 인플레이션 환경 속에서 유일하게 제로금리를 유지했으며, 일본은행은 이를 통해 지속적인 경기부양을 목표로 하고 있다.

일본은행은 저성장과 저물가라는 구조적 문제에 대응하기 위해 비전통적 통화정책(QE, YCC 등)을 장기간 유지하고 있다. 주요 변수는 물가안정, 경제성장, 금융안정, 환율관리에 초점이 맞춰져 있다. 특히 고령화와 인구감소, 정부부채 문제 등 일본 경제 특유의 구조적 문제를 통화정책에 반영한다는 점에서 다른 중앙은행과 차별화된다.

 일본은행의 금리 결정 메커니즘

1단계: 경제지표

(1) 물가

- **소비자물가지수**CPI: 목표는 2%의 안정적인 물가상승률. 특히 근원 소비자물가지수Core CPI를 중점적으로 모니터링.

- **물가기대:** 기업과 소비자의 물가전망. 디플레이션 심리 완화가 중요.

- **생산자물가지수**PPI: 제조업 부문의 비용 변화 분석.

(2) 경제성장

- **GDP 성장률:** 일본 경제의 성장 모멘텀과 소비 회복 여부 평가.

- **실질 GDP와 명목 GDP 차이:** 디플레이션 여부를 확인하기 위해 명목 GDP가 실질 GDP를 따라잡는 속도 분석.

(3) 소비와 투자

- **소매판매:** 내수경제의 소비심리를 반영.

- **가계소비:** 고령화 사회에서 소비 동향을 파악.

- **기업설비투자:** 민간부문의 경제성장 기여도 평가.

(4) 고용

- **실업률:** 낮은 실업률을 유지하면서 고용의 질을 개선하려는 노력.

- **유효구인배율:** 노동시장의 수급 상태를 나타내는 지표.

2단계: 금융시장 상황

(1) 금리

- **단기 정책금리:** 은행의 초과준비금에 부과되는 금리로 초저금리 (-0.1%) 정책 유지.

- **10년 만기 국채금리:** 10년 만기 국채금리를 제로금리로 관리.

- **장단기 금리차:** 금융기관의 수익성과 대출 여력을 평가.

(2) 유동성

- **통화공급량**M2: 시장 내 유동성 확대 여부를 파악.

- **대출 증가율**: 기업 및 개인 대출 증가 추이를 통해 금융중개 역할 평가.

(3) 주식 및 자산시장

- **ETF 및 REIT 매입**: 비전통적 정책으로 ETF와 REIT를 직접 매입하여 자산가격을 안정화.

- **부동산시장**: 가격 상승 여부를 통해 과도한 거품 형성 방지.

3단계: 환율 및 외환시장

- **엔화 환율**USD/JPY: 수출주도형 경제구조에서 엔화가치 변화는 일본 경제에 직접적인 영향을 미침.

- **실질 실효환율**REER: 일본 제품의 국제 경쟁력 분석.

- **외환 개입 가능성**: 환율 급변으로 인한 시장 불안을 예방하기 위한 외환시장 개입 여부.

4단계: 정책적 요소

(1) 재정정책과의 연계

- **재정정책 효과**: 일본 정부의 대규모 경기부양책(예: 인프라 투자, 소비 보조금)과 통화정책의 상호작용.

- **국채 발행 및 매입**: 일본 정부의 높은 부채 수준에 대응하기 위해 일본은행은 국채를 적극적으로 매입QE.

(2) 고령화와 인구감소

- **인구구조 변화**: 고령화와 인구감소가 경제에 미치는 영향을 분석.

- **사회적 비용 증가**: 복지 비용 증가가 경제에 미치는 영향을 분석.

(3) 정책 지속성

- **비전통적 통화정책의 한계**: 초저금리와 자산 매입 확대의 장기적 지속 가능성 평가.

- **부작용 관리**: 금융기관의 수익성 악화 및 자산가격 거품 가능성에 주목.

5단계: 글로벌 경제 여건

- **글로벌 성장률 전망**: 주요 수출 대상국(미국, 중국, EU)의 경기 상황.

- **원자재 및 에너지 가격**: 일본은 에너지 수입 의존도가 높아 원자재 가격 변동에 민감.

- **주요국 통화정책**: 연준, 유럽중앙은행의 금리정책이 엔화 환율과 자본 흐름에 미치는 영향을 평가.

6단계: 금융 시스템 안정

- **은행 건전성**: 일본 내 은행 시스템의 유동성과 건전성.

- **금융중개 역할**: 금융기관의 대출 공급 능력 및 금융시장 기능 평가.

유럽중앙은행

유럽중앙은행의 탄생

유럽중앙은행European Central Bank은 1998년에 설립되었으며, 이는 유럽연합EU의 경제통화동맹EMU과 유로화 도입의 핵심 단계였다. 기존의 국가별 통화운영 체제에서 유로화를 단일 통화로 도입하기 위해서는 중앙집권적인 통화정책 기관이 필요했기 때문이다.

유럽중앙은행의 설립은 유럽연합이 점진적으로 경제적 통합을 이루어가는 과정의 일환으로, 특히 마스트리흐트 조약(1992년)에서 단일 통화도입 계획이 확정되면서 이루어졌다. 유럽중앙은행은 유로존 19개국의통화정책을 결정하고 물가안정을 목표로 한다. 설립 후 유럽중앙은행은유럽 금융위기(2010년대) 동안 금융시장을 안정시키기 위한 양적완화정책 등 중요한 역할을 수행해왔다.

유럽중앙은행의 대표적인 통화정책은 유럽 재정위기 이후의 드라기 정책들이다. 2012년, 유로존 재정위기(PIIGS 국가들의 부채위기)가 심화되었을 때 유럽중앙은행 총재 마리오 드라기는 "유럽중앙은행은 유로화를 구하기 위해 필요한 모든 조치를 할 것"이라고 선언하며 시장 신뢰를 회복했다. 이 발언과 함께 유럽중앙은행은 국채 매입 프로그램을 실시해 위기 국가들의 국채금리를 안정시키고, 유로존 해체 위기를 방지했다. 유럽중앙은행의 정책은 성공적으로 시장 불안을 잠재웠고, 이후 유로존 경제는 회복세를 보였다.

반면 2000년대 초 금리인상은 유럽중앙은행의 대표적인 정책 실패 사례다. 2008년 글로벌 금융위기 이전인 2000년대 중반, 유럽중앙은행은 인플레이션 우려로 인해 금리를 인상했다. 하지만 이는 이미 둔화되고 있던 유럽 경제에 부담을 더하며, 침체를 가속화시키는 결과를 초래했다. 특히 남유럽 국가들의 부채 문제를 악화시켜 2010년대 초 유럽 재정위기를 촉발한 원인 중 하나로 지적되기도 한다.

중앙은행과 정부의 정책 공조 ───────────────────── ○

유럽중앙은행은 유로존 20개국이 공동으로 사용하는 유로화를 관리하는 독립적인 중앙은행이다. 유럽중앙은행은 EU 차원의 통화정책을 총괄하며, 정치적 독립성을 유지하기 위해 각국의 정치적 영향에서 벗어나 독립적으로 운영되는 것이 원칙이다. 그러나 유럽중앙은행은 유로존 국가들의 경제적 안정성을 유지하고, 중요한 정치적 목표를 달성하기 위해 여러 차례 정부와 협력해왔다. 이러한 협력은 특히 재정위기, 코로나 팬데믹, 기후변화 대응 등 위기 상황에서 더욱 두드러졌다.

유로존 국가 간의 경제적 불균형과 각국의 정치적 상황이 달라 정책 공조의 성과는 때로 불균일하게 나타나기도 했다. 특히 유럽중앙은행은 유로존 전체의 경제적 안정성을 추구하면서도 독립성을 유지해야 하는 복잡한 역할을 맡고 있기 때문에, 정치적 목표를 달성하기 위한 협력의 성공 여부는 상황에 따라 달라졌다. 그럼에도 불구하고 유럽중앙은행과 EU 간의 정책 공조는 유로존의 경제적 안정성을 확보하는 데 중요한 역할을 했다.

유럽 재정위기 대응: 2010~2015

2008년 글로벌 금융위기 이후, 그리스, 포르투갈, 아일랜드, 스페인 등 유로존 국가들은 심각한 재정위기에 직면하며 유로존의 경제안정성이 크게 위협받았다. 특히 그리스의 채무불이행 가능성은 유로존 전체의 붕괴 우려를 일으켰다. 이에 따라 EU와 유럽중앙은행은 국제통화기금IMF과 협력하여 구제금융 프로그램을 제공하며, 이들 국가에 대해 엄격한 재정긴축을 요구했다.

유럽중앙은행은 대규모 국채 매입 프로그램을 통해 금융시장의 불안을 완화하고, 위기 국가들이 낮은 금리로 자금을 조달할 수 있도록 지원했다. 또한 2012년 유럽중앙은행은 OMT 프로그램을 발표하여, 재정위기 국가들의 국채를 무제한으로 매입할 수 있는 정책을 도입했다. 이는 국가 채무 불안이 확산되는 것을 막고 유로존의 재정 안정을 보장하기 위한 유럽중앙은행의 적극적인 개입을 보여주는 대표적인 사례였다.

OMT(Outright Monetary Transactions)

유럽중앙은행이 2012년 유로존 재정위기 당시 도입한 채권 매입 프로그램이다. 유럽중앙은행은 위기에 처한 유로존 회원국의 국채를 무제한으로 매입할 수 있음을 선언하여 시장 불안을 완화하고, 해당 국가의 차입비용(금리)을 낮추는 것을 목표로 했다. 단, 프로그램 참여 조건으로 회원국은 경제개혁과 재정긴축 계획을 이행해야 했다. 이는 유럽 재정위기의 확산을 억제하는 데 중요한 역할을 했다.

유럽중앙은행은 유로존 붕괴 방지를 최우선 과제로 삼아 EU와 긴밀히 협력했다. 유로존 국가들이 채무불이행에 빠지면, 유로존 자체가 붕괴할 위험이 있었기 때문이다. 이에 따라 각국 정부는 유럽중앙은행과 협력하여 긴급 조치를 취했다. 이 협력은 정치적으로 유럽 통합을 유지하기 위한 결정적인 역할을 했다.

그러나 유럽중앙은행과 EU는 구제금융의 조건으로 각국 정부에게 강도 높은 재정긴축을 요구했으며, 이를 통해 유로존 국가들의 재정 규율을 강화하는 정치적 목표를 함께 추구했다. 이러한 긴축 조치는 유로존 붕괴를 방지하는 데 기여했지만, 그에 따른 사회적 반발도 커졌다. 특히 그리스에서는 긴축에 반대하는 대규모 시위와 정치적 혼란이 발생했으며, 유로존 내 긴장감이 증폭되었다. 이는 유럽중앙은행의 통화정책과 정치적 목표 간의 협력이 있었음에도 불구하고, 그로 인해 발생한 사회적 불안과 정치적 혼란은 완화하지 못했다.

코로나 팬데믹 대응

2020년 코로나 팬데믹으로 유로존 경제는 심각한 위기에 직면했으며, 유럽중앙은행과 유로존 각국 정부는 긴급히 정책 공조를 시행했다. 유럽중앙은행은 2020년 3월, 팬데믹으로 인한 경기침체를 막기 위해 '팬데믹 긴급 자산매입 프로그램PEPP'을 도입하여 1조 8,500억 유로 규모의 채권을 매입하기 시작했다. 이 대규모 자산매입은 유로존 각국 정부가 발행한 국채를 포함해, 각국이 재정지출을 확대할 수 있도록 지원하는 중요한 역할을 했다.

유럽중앙은행은 유동성 공급을 통해 유로존 경제의 금리를 낮게 유지하며 기업과 가계가 자금을 확보할 수 있도록 했고, 이를 통해 각국 정부의 경기부양책이 효과적으로 시행될 수 있는 환경을 조성했다. 유로존 각국 정부는 경제회복을 위한 정치적 목표를 달성하기 위해 적극적으로 재정지출을 확대했으며, 유럽중앙은행의 정책은 이를 지원하는 중요한 역할을 했다. 또한 EU는 복구기금NextGenerationEU을 통해 각국에 재정을 지원하며 유럽중앙은행과 함께 경제회복을 촉진했다.

기후변화 대응과 친환경 경제 전환: 2021년 이후

유럽중앙은행과 EU는 기후변화 대응을 중요한 정치적 목표로 삼고, 친

환경 경제로의 전환을 위해 적극적으로 협력하고 있다. 유럽중앙은행은 기후변화에 대응하기 위해 통화정책에 환경적 요인을 반영하고 있으며, 이를 통해 유럽의 그린딜 정책을 지원하고 있다. 유럽중앙은행은 자산매입 프로그램을 통해 그린본드Green Bond를 매입하고, 친환경 프로젝트에 자금을 지원하는 방식으로 이 목표를 지원하고 있다.

기후변화 대응을 위한 중앙은행과 정부의 협력은 통화정책과 재정정책이 긴밀히 결합된 예로 볼 수 있다. 유럽연합은 기후변화 대응을 글로벌 의제로 삼고 있으며, 유럽중앙은행은 이러한 목표를 뒷받침하기 위해 통화정책을 조정하고 있다. 특히 유럽중앙은행은 기후 리스크를 분석하고 이를 통화정책에 반영하려는 시도를 하고 있다.

금리결정 메커니즘

유로존은 19개국 이상이 유로화를 사용하는 단일 경제권을 형성하고 있지만, 각국은 경제 규모와 정치적 상황에서 큰 차이를 보인다. 독일, 프랑스, 네덜란드와 같은 경제 강국과 그리스, 이탈리아, 포르투갈 등 남유럽 국가들 간의 경제적 격차가 존재하며, 이로 인해 유럽중앙은행의 금리정책은 때로 비대칭적인 영향을 미친다. 유럽중앙은행은 유로존 전체의 통화정책을 일관되게 유지하려 하지만, 각국 경제상황을 반영해야 하기 때문에 금리 조정에 신중을 기하며, 정책의 효과가 국가마다 다를 수밖에 없다.

유로존의 경제적 다양성과 정치적 상황을 반영한 결과, 유럽중앙은행은 금리정책의 변화 속도가 다른 중앙은행들보다 상대적으로 느리고 보수적이며 신중하다. 예를 들어, 2010년대 초 유럽 채무위기 당시, 유럽중앙은행은 양적완화와 저금리 정책을 도입했으나, 그 속도는 연방준비제도보다 늦었다. 연방준비제도는 글로벌 금융위기 직후 2008년부터 양적완화와 금리인하를 빠르게 시행한 반면, 유럽중앙은행은 각국의 정치적 저항과 경제적 불균형을 고려하여 신중하게 금리를 인하했다.

유럽중앙은행은 물가 안정을 최우선 목표로 삼고 있지만, 유로존의 다국가 구조로 인해 각국의 경제상황을 균형 있게 고려해야 한다. 연준보다 외환시장과 글로벌 요인에 민감하며, 통화정책의 효과가 분산될 수 있는 구조적 문제를 감안해야 한다. 이를 반영하여 경제지표 외에도 은행 대출 기준, 외환시장 동향, 정치적 리스크를 중요한 변수로 다룬다.

 유럽중앙은행의 금리 결정 메커니즘

1단계: 경제지표

(1) 물가

· **소비자물가지수**HICP: 유럽중앙은행의 목표는 연간 2% 수준.

· **근원 HICP:** 변동성이 큰 에너지 및 식료품을 제외한 물가 변화를 분석.

· **생산자물가지수**PPI: 공급망 압력과 제조업 부문의 비용 상승 파악.

· **기대 인플레이션:** 소비자 및 시장의 물가 기대를 분석.

(2) 고용 및 노동시장

· **실업률:** 유로존 노동시장의 전반적 건강 상태를 확인.

· **고용 증가율:** 유로존 내 일자리 창출 수준 평가.

· **임금상승률:** 임금 인플레이션이 물가 안정에 미칠 영향을 분석.

(3) 경제성장

· **GDP 성장률:** 유로존 19개국의 경제활동 수준을 평가.

· **산업생산지수:** 제조업, 광업, 에너지 부문의 생산 변화를 파악.

· **서비스업 지표:** 유로존의 서비스업 성장 기여도를 분석.

(4) 소비 및 투자

· **소매판매:** 소비심리 및 가처분소득 추이를 분석.

· **소비자 신뢰지수:** 소비심리와 경기전망을 평가.

· **기업투자지수:** 민간부문 투자 의지를 파악.

· **주택시장 지표:** 유로존 내 주택가격 변화와 건축 허가 추이를 분석.

2단계: 금융시장 상황

(1) 금리

· **국채금리:** 유로존 주요국의 금리 변화를 분석.

· **유로화 OIS:** 정책금리 기대치를 시장에서 반영한 지표.

· **장단기 금리차:** 금융시장 유동성과 경기 신호 파악.

(2) 금융 스트레스 지표

· **금융상황지수:** 금리, 주식시장, 신용스프레드 등 금융 변화를 종합적으로 분석.

- **은행 대출 기준**: 은행의 대출 기준 및 신용공급 상황을 분석.

- **기업 신용시장**: 회사채 신용스프레드와 위험 프리미엄 변화를 확인.

(3) 외환시장

- **유로화 환율**EUR/USD: 유로화 강세는 수출 가격경쟁력을 약화시켜 수출 둔화를 유발할 수 있으며, 약세는 수입 원자재 가격 상승을 통해 인플레이션을 높일 수 있음.

- **유로화의 실질 실효환율**REER: 유로존 경쟁력 평가.

3단계: 글로벌 경제 여건

- **글로벌 성장률 전망**: IMF 및 세계은행 보고서를 참고하여 수출의존적인 유로존의 경제전망 평가.

- **주요국 통화정책 변화**: 특히 미국 연준, 영국 중앙은행, 일본은행의 정책 변화가 유로화와 자본 흐름에 영향을 미침.

- **국제 원자재 가격**: 유로존이 수입하는 에너지 및 원자재 가격 동향(특히 천연가스와 석유)을 평가.

4단계: 정책적 요소

- **EU 재정정책**: EU 회원국들의 재정정책이 통화정책에 미치는 영향을 분석(특히 부채 수준과 재정지출 확대 여부).

- **그린정책 영향**: EU의 탄소중립 정책과 ESG 요인이 기업 및 경제 전반에 미치는 영향을 고려.

- **정치적 불확실성**: 브렉시트 이후 영국-EU 관계, 우크라이나 전쟁 등 지정학적 리스크.

5단계: 기타 요소

· **은행 건전성:** 유로존 내 은행 시스템의 자본건전성과 유동성 수준.

· **기후변화 리스크:** 기후변화가 경제활동과 물가 안정에 미치는 영향.

· **디지털화 및 혁신:** 디지털 유로 도입CBDC과 기술 변화가 금융 및 실물경제에 미칠 영향.

한국은행

한국은행의 탄생

한국은행은 한국 경제의 독립적인 발전과 금융 시스템의 안정성을 유지하기 위해 1950년 6월 12일 설립되었다. 한국은 1945년 광복 이후 중앙은행 기능을 수행하던 조선은행이 물러나면서, 독자적인 중앙은행 설립이 필요했다. 당시 한국 경제는 자본시장이 미성숙하고 인플레이션이 심각한 상태였으며, 경제적 자립과 안정을 도모할 강력한 중앙은행이 절실히 요구되었다. 이러한 배경에서 한국은행은 물가안정과 금융 시스템의 신뢰를 확립하고, 정부의 경제정책을 지원하는 역할을 맡아 출범하게 되었다.

한국은행은 설립 초기부터 통화공급 조절, 금융 시스템의 안정성 유지, 그리고 통화 및 금융정책을 통해 경제성장 지원이라는 핵심 기능을 수행했다. 특히 물가안정은 한국은행의 주요 목표로 자리 잡았으며, 이후 한국 경제가 급격히 성장하는 과정에서 한국은행은 통화정책과 환율정책을 통해 경제의 안정적 성장을 뒷받침하는 중요한 역할을 했다.

한국은행의 대표적 정책 결정은 2008년 글로벌 금융위기 이후의 통화정책이다. 2008년 글로벌 금융위기 당시, 한국은행은 급격한 경기침체와 금융시장 불안을 완화하기 위해 적극적인 통화정책을 실시했다. 우선 2008년 말부터 기준금리를 신속하게 인하하여 유동성을 확충하고, 기업과 가계의 금융 부담을 완화하는 데 주력했다. 또한 원화가치 급락에 대응하여 외환시장에 달러 유동성을 공급하고, 주요국 중앙은행과의 통화 스와프 협정을 체결하여 외환시장 안정화에 기여했다. 이러한 신속한 조치는 금융시장 안정에 큰 역할을 했으며, 한국 경제가 비교적 빠르게 회복하는 데 중요한 영향을 미쳤다.

한편, 1997년 외환위기 대응은 한국은행의 치명적 정책 실수 중 하나이다. 1997년 아시아 금융위기 당시 한국은행은 외환보유고 관리와 금융기관 감독에 한계를 드러냈다. 위기 전에는 급격한 자본유입으로 대출이 무분별하게 늘어나 금융 시스템 안정성이 취약했으나 당시 한국은행은 외환 및 신용관리에서 정책적 한계를 드러냈다. 결국 외환보유고가 고갈되면서 한국은 IMF의 구제금융을 요청했고, 위기 이후 금융시장의 규제와 감독 체계를 강화하는 데 집중하게 되었다.

중앙은행과 정부의 정책 공조

한국은행은 독립적인 중앙은행으로서 물가안정을 목표로 금리결정을 내리지만, 정부와의 협력 관계는 다른 나라들과는 몇 가지 중요한 차별점을 지닌다.

첫째, 한국은 한반도의 지정학적 긴장과 경제적 불안정성으로 인해 통화정책이 정부와의 긴밀한 협력을 필요로 한다. 예를 들어, 북한과의 군사적 긴장, 그리고 중국과 일본 등 주요 교역국들과의 외교적 관계가 한국 경제에 미치는 영향을 고려할 때, 정부와 한국은행은 경제적 안정성을 확보하기 위해 정책 조율을 강화한다. 특히 한국은행이 금리를 인상하거나 인하할 때 정부의 재정정책과 맞물려야 하는 경우가 많다. 1997년 아시아 금융위기와 2008년 글로벌 금융위기 당시, 한국은 긴급한 경제회복을 위해 한국은행과 정부가 긴밀히 협력하여 통화완화와 재정지출을 병행하는 방식으로 위기를 극복했다.

둘째, 한국의 경제성장 모델은 정부의 적극적인 산업정책과 밀접하게 연관되어 있어 한국은행의 정책에도 영향을 미친다. 한국은 과거 산업화와 경제성장 과정에서 정부의 주도적인 역할이 컸으며, 이러한 구조는 오늘날까지도 지속된다. 정부의 경제성장 목표와 한국은행의 물가안정 목표가 때로 충돌할 수 있지만, 정부와 한국은행은 이 둘을 조화롭게 맞추려는 협력 관계를 유지한다.

셋째, 한국은 글로벌 경제와 밀접하게 연결되어 있어 한국은행은 국제금융 시장의 동향에 주의를 기울이며 통화정책을 조정한다. 한국은 특히 미국, 중국, 일본과의 경제적 상호작용이 크기 때문에, 이러한 국가들의 통화정책 변화가 한국 경제에 미치는 영향을 예의주시해야 한다.

김대중 대통령과 한국은행의 정책 공조: 1998년 외환위기 이후

1997년 외환위기 이후, 김대중 정부는 경제회복을 위해 긴축과 구조조정을 강조하면서도 금융 시스템의 정상화를 위해 중앙은행과 긴밀히 공조했다. 당시 한국은행은 금리를 높여 외환시장 안정을 꾀했으며, 적극적인 외환보유고 확대를 통해 국가신용도를 회복하는 데 힘썼다. 또한 정부와의 협조 아래 금융기관의 구조조정을 진행하여 금융 시스템의 건전성을 강화했다. 이러한 정책 공조는 한국 경제의 회복을 뒷받침했으며, IMF의 권고와 긴밀히 맞물려 금융 시스템이 빠르게 안정될 수 있었다.

문재인 대통령과 한국은행의 정책 공조: 코로나 팬데믹 이후

코로나 팬데믹으로 인한 경제 충격이 발생하자, 문재인 정부와 한국은행은 즉각적인 경기부양과 경제안정화에 나섰다. 한국은행은 팬데믹 초기인 2020년 3월, 기준금리를 0.5%까지 인하하며 유동성을 확충하고 자금조달 여건을 완화하여 기업과 가계의 자금 부족 문제를 완화했다. 이어 정부는 긴급재난 지원금과 고용유지 지원금을 통해 경제적 타격을 입은 계층을 지원했다. 이처럼 재정정책과 통화정책이 동시에 시행됨으로써 경제회복을 뒷받침했다는 평가를 받았다. 이 공조는 코로나 충격을 완화하고 고용과 소비 회복에 긍정적인 영향을 미쳤다.

윤석열 대통령과 한국은행의 공조 및 갈등: 2022년 인플레이션 대응

2022년 세계적으로 인플레이션 압력이 급격히 증가하자, 윤석열 정부와 한국은행은 서로 다른 목표를 추구하면서도 인플레이션 대응을 위해 협력하는 모습을 보였다. 당시 한국은행은 기준금리를 빠르게 인상하며 인플레이션 억제를 최우선 과제로 삼았다. 그러나 정부는 경기위축과 가계부채 부담을 완화하기 위해 재정지출 확대를 유지하려는 정책을 펼쳤다. 특히 정부는 주택담보대출 규제를 완화해 부동산시장을 부양하려 했으나, 이는 한국은행의 금리인상 기조와는 상충되는 방향이었다. 결과적으로 정부와 한국은행은 인플레이션 억제라는 목표는 공유했으나, 경기부양과 금융안정이라는 세부적 목표에서 갈등을 겪게 되었다.

금리결정 메커니즘

한국은행은 물가안정과 경제성장, 금융안정을 주요 목표로 하며, 이를 통해 중장기적 경제 균형을 추구한다. 한국은행은 수출주도형 경제구조와 가계부채 문제, 글로벌 경제 변동성 등 한국 경제의 특수성을 고려하여 통화정책을 운용한다.

한국은 미국과 비슷하게 적극적인 금리정책을 사용하지만, 경제 규모와 글로벌 금융시장에서의 영향력이 제한적이기 때문에 외부요인에 매우 민감하게 반응한다. 특히 미국의 금리정책에 크게 영향을 받으며, 원화의 변동성을 줄이기 위해 신속한 금리 조정이 이루어진다.

한국은 수출의존도가 높고 외환시장이 민감하기 때문에 환율과 자본유출을 고려한 금리정책을 운영한다. 글로벌 경제위기나 환율변동 시 미국의 금리정책에 따라 한국도 빠르게 대응해야 하며, 그 과정에서 금리인상이나 인하를 통해 자본유출을 방지하거나 환율을 안정시킨다.

 한국은행의 금리 결정 메커니즘

1단계: 경제지표

(1) 물가

- **소비자물가지수**CPI: 목표는 연간 2% 물가안정. 특히, 에너지와 식료품을 제외한 근원 소비자물가지수Core CPI를 중점 모니터링.
- **생산자물가지수**PPI: 생산자물가가 소비자물가에 미칠 영향을 분석.
- **기대 인플레이션**: 가계와 기업의 물가 전망을 통해 물가상승 압력 평가.

(2) 경제성장

- **GDP 성장률**: 정부의 경제성장 목표와 통화정책 간의 조화를 추구.
- **산업생산지수**: 제조업과 서비스업의 성장 동력 평가.
- **가계소비**: 민간소비 회복이 성장에 미치는 영향을 모니터링.
- **수출입 동향**: 수출의존도가 높은 경제구조를 반영하여 교역 조건 및 수출 동향 분석.

(3) 고용

- **실업률**: 고용시장의 전반적인 건강도를 평가.
- **경제활동참가율**: 노동 공급의 구조적 변화를 이해하기 위한 지표.

(4) 가계부채

- **가계부채 증가율**: 금융 시스템 안정성과 소비 감소 가능성을 평가.

- **총부채 원리금 상환비율**DSR: 대출 상환 능력을 확인하여 금융 리스크 관리.

2단계: 금융시장 상황

(1) 금리

- **기준금리**: 시장금리 및 대출금리에 영향을 미침.
- **장단기 금리차**: 경기침체나 과열 신호를 예측하는 선행지표.

(2) 유동성 지표

- **M2 통화공급량**: 시장 내 유동성 상태를 점검.
- **콜금리 및 RP금리**: 단기 자금시장의 유동성을 평가.

(3) 신용 및 금융시장

- **기업대출 증가율**: 중소기업 및 대기업의 자금조달 상태 분석.
- **주식시장 및 자산시장 동향**: 자산가격의 변동성이 경제와 금융 시스템에 미치는 영향.

(4) 부동산시장

- **주택 가격 지수**: 부동산 가격 흐름을 평가하고, 가계부채 증가의 원인 분석에 활용.
- **전세 및 매매 동향**: 주택시장 안정화와 가계의 금융 부담 평가.

3단계: 환율 및 외환시장

- **원/달러 환율**USD/KRW: 환율이 수출과 물가에 미치는 영향을 분석.
- **외환보유액**: 외환시장 개입 가능성과 안정성 확보.
- **실질 실효환율**: 한국 상품의 국제 경쟁력을 측정.

4단계: 정책적 요소

(1) 재정정책과의 연계

- **정부 재정정책과의 조화:** 경기부양책이나 긴축정책과의 상호작용 분석.

- **국채 발행 및 금리 영향:** 국채 수요 및 공급 변동이 시장금리에 미치는 영향.

(2) 부동산 대출 및 가계부채 관리

- **대출 규제 정책:** 주택담보대출비율LTV, 총부채상환비율DTI 등 규제와 통화정책의 연계성.

- **금융안정위원회와 협력:** 가계부채와 금융 시스템 리스크 관리를 위해 정부와 긴밀히 협력.

(3) 사회적 요소

- **고령화와 인구구조:** 노동력 감소와 소비 위축 등 구조적 문제를 반영.

- **청년실업 문제:** 고용 창출을 위해 완화적 정책 도입 필요성을 평가.

5단계: 글로벌 경제 여건

- **주요국 통화정책 변화:** 연준, 유럽중앙은행 등 주요국의 금리정책이 한국의 자본유출입과 환율에 미치는 영향.

- **국제 유가 및 원자재 가격:** 에너지 수입의존도가 높아 물가와 성장에 미치는 영향이 큼.

- **글로벌 성장률 전망:** 주요 교역 대상국의 경제상황을 반영.

6단계: 금융 시스템 안정

- **은행 건전성:** 금융기관의 부실 위험과 대출 포트폴리오 안정성 평가.

- **금융 시스템 리스크:** 시스템적 리스크를 방지하기 위한 모니터링.

II

금리로
투자의 심리를
이해한다

금융시장의 등락은 투자자의 심리 변화에서 비롯된다. 이 심리를 가장 강하게 흔드는 변수는 바로 금리다. 금리가 두려움과 탐욕을 어떻게 자극하여 자산가격의 변동성과 시장의 불확실성을 증폭시키는지 알아보자. 이제 당신도 금리변동이 투자심리에 미치는 영향, 투자자들이 금리인하 시에 고위험 자산으로 몰리는 현상, 그리고 금리 급등 시에 발생하는 패닉과 시장 사이클의 전환을 통해 금리 변화가 어떻게 투자자의 위험선호도와 경기예측, 소비심리에 영향을 미치는지 구체적으로 이해할 수 있을 것이다. 이를 바탕으로 감정에 휘둘리지 않고 체계적으로 전략적인 투자 결정을 내릴 수 있는 실질적인 통찰을 얻을 수 있다.

4

금리와 투자심리의
관계

금리는
금융시장의 설계자

금리는 경제의 방향을 바꾸는 나침반이자, 투자자의 심리와 시장의 동력을 결정짓는 강력한 설계자이다. 금리가 오르내릴 때, 그 이면에는 투자자들의 두려움, 탐욕, 그리고 기대가 뒤엉켜 시장의 판도를 바꾼다.

금리가 심리에 미치는 경로에는 행동경제학에서 말하는 심리적 편향이 지배적으로 작용한다. 대표적으로 현저성 편향, 손실회피 편향, 확증 편향, 현재 편향, 확률무시 편향 등이 있으며, 투자자의 감정은 투자 결정과 자산가격에 직접적인 영향을 미친다.

현저성 편향Salience Bias이란, 눈에 띄는 정보를 과대평가하는 경향을 말한다. 예를 들어, 금리가 상승하면 언론 보도 등으로 인해 금리의 변화가 더 부각되어 소비자와 투자자들이 실제보다 큰 경제적 영향을 예상하게 된다. 이는 소비와 투자를 위축시키는 심리적 효과를 유발할 수 있다.

손실회피 편향Loss Aversion Bias은 이익보다 손실에 더 민감하게 반응하는 경향을 말한다. 금리가 하락할 경우 저축의 실질수익률 감소를 더 큰 손실로 인식하며, 위험자산으로 이동하는 투자 행동이 나타날 수 있다. 반대로 금리가 상승하면, 안전자산으로의 선호가 강화된다.

확증 편향Confirmation Bias은 기존의 신념을 강화하는 정보를 선택적으로 받아들이는 경향을 말한다. 금리인상이 경기둔화를 유발할 것이라는 믿음이 있는 사람은 금리인상에 따른 부정적인 지표만 주목하며 경제활동을 줄이는 결정을 내릴 수 있다.

현재 편향Present Bias은 단기적인 이익이나 비용을 장기적인 것보다 우선시하는 경향을 말한다. 금리하락으로 저렴해진 대출 비용은 미래의 부채 부담을 고려하지 않은 채 과도한 소비나 투자를 촉진할 수 있다.

마지막으로 확률 무시 편향Probability Neglect Bias은 낮은 확률의 위험이나 기회를 과소평가하거나 과대평가하는 경향을 의미한다. 금리가 변화할 때, 경제적 리스크나 기회가 통계적으로 작더라도 이를 과장하여 반응하게 될 수 있다. 예를 들어, 금리인상으로 인한 경기침체 가능성이 과대평가될 경우 과도한 비관론이 시장에 영향을 미칠 수 있다.

이렇듯 금리가 하락하면 여러 가지 편향으로 인해 심리가 증폭되고, 그 결과 위험자산으로의 쏠림 현상이 나타나며, 이는 단기적 시장 랠리와 함께 투자자들에게 '모두가 승자'라는 착각을 심어준다. 그러나 이러한 흐름 뒤에는 과열된 기대와 자산버블이라는 그림자가 따라 붙는다. 반대로 금리가 상승할 때는 불확실성이 극대화되며, 투자자들은 안전한 피난처를 찾아 채권으로 몰려들거나 소비와 투자를 멈추고 현금 보유를 강화한다. 이러한 금리 변화는 시장에 변동성을 더하고, 투자심리를 결정짓는 중요한 요인으로 작용한다.

이번 챕터에서는 앙드레 코스톨라니의 달걀이론에서 출발해, 금리가 투자자 심리와 자산시장에 미치는 구조적이고 심리적인 영향을 설명한다. 채권시장의 사례를 통해 심리적 변화의 역학 관계를 살피고, 금리가 불확실성을 통제하거나 확산시키는 방식을 분석한다. 이를 통해, 금리가 금융시장에서 심리를 주도하는 방법을 알아 차림으로써 시장의 흐름을 선점할 수 있는 통찰을 얻게 될 것이다.

달걀이론:
금리와 시장 사이클의 비밀

유럽의 워렌 버핏으로 불리는 앙드레 코스톨라니는 금리와 심리의 중요성을 일찍이 깨닫고, 이를 투자전략의 중요한 기준으로 삼은 대표적인 투자자다. 그는 금리를 기준으로 경기와 심리, 그리고 자산가격 변동을 예측했다.

앙드레 코스톨라니의 달걀이론은 금리와 심리의 중요성을 강조하며 이를 기반으로 경기, 자산시장, 자산가격의 변동을 예측한 모델이다. 금리 변화에 따른 시장 순환을 직관적으로 이해할 수 있도록 금리 사이클을 달걀 형태로 시각화했으며, 금리상승기는 달걀의 좌측(A구간: A1, A2, A3), 금리하락기는 달걀의 우측(B구간: B1, B2, B3)으로 나눈다. 금리 저점은 달걀의 하단, 금리 고점은 달걀의 상단에 위치한다.

금리 변화는 투자자의 심리에 큰 영향을 미치며, 금리가 상승하는 A구간에서는 의심(A1), 확신(A2), 탐욕(A3)으로 심리가 변화하고, 금리가 하락하는 B구간에서는 불안(B1), 공포(B2), 절망(B3)으로 이어진다. 특히 탐욕(A3)과 공포(B2)는 시장의 극단적 움직임을 초래하며, 이러한 심리적 변화를 이해하는 것이 투자전략 수립에 중요하다.

달걀이론을 활용하면 금리 변화에 따라 주식, 채권, 부동산 등 자산 비중을 조정할 수 있고, 자산 매수와 매도의 최적 시점을 직관적으로 제시하는 가이드라인을 만들 수 있다.

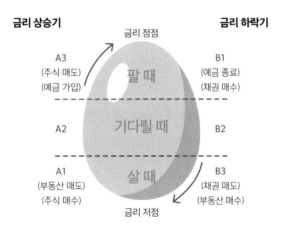

금리상승기: A구간

A1. 시장의 회복 초기: 의심과 불신의 시기

금리가 상승하기 시작하는 초기 단계로 경기가 서서히 회복 조짐을 보인다. 투자자 대부분은 여전히 회의적이며, 이전 하락장에서의 손실에 대한 두려움으로 시장 참여를 꺼린다. 시장이 약간의 상승세를 보이지만, 이를 일시적 반등으로 간주한다. 투자자들 대부분이 안전자산을 선호하고 보수적 투자 태도를 보인다. 이런 이유로 대부분의 투자자는 시장에 진입하지 않고 관망한다.

투자자 심리는 낙관과 비관이 혼재되어 있지만, 위험자산에 투자하면 높은 성과를 기대할 수 있다. 소수의 선구자적 투자자들이 저평가된 자산을 매수하며 시장 진입을 시작한다. 이때 채권 비중을 줄이고, 주식 비중을 늘리는 것이 유효하다. 국채금리는 안정되거나 소폭 상승하고, 채권투자자는 회사채와 같은 고수익 채권에 관심을 가진다. 그 결과 투자등급 회사채 스프레드가 서서히 축소된다.

A2. 확신의 강화: 탐욕의 씨앗이 자라는 시기

금리상승이 본격화되고 경기는 활황을 맞는다. 기업실적이 개선되고, 성장률과 물가상승이 동반된다. 초기 상승세가 지속되면서 투자자들은 시장회복에 대한 확신을 가지기 시작한다. 과거 하락장에서 벗어나고자 하는 욕망과 상승장에 참여하지 못할 것에 대한 포모FOMO, Fear of Missing Out 가 발생한다. 더 많은 투자자들이 시장에 진입하며, 점차 위험자산(주식, 부동산 등)으로 자금을 이동한다. 시장 거래량이 증가하고 상승세가 뚜렷해진다. 투자자 심리가 점점 낙관적으로 변한다.

장기국채 금리가 선행적으로 빠르게 상승하면서 일시적으로 장단기 금리차가 확대되기도 한다. 채권투자자들은 고위험 투기등급 회사채에 관심을 가지며, 이 구간에서 투기등급 회사채 스프레드도 축소된다.

A3. 과열: 탐욕과 과잉 확신의 시기

기업실적과 경제전망이 최고조에 달하면서 투자자 심리는 극도로 낙관적인 상태가 된다. 대부분의 투자자가 시장 상승을 끝없이 지속될 기회로 인식하며 비이성적 낙관주의에 빠진다. 탐욕과 확신이 극대화되어 위험을 과소평가한다. 레버리지 투자, 고위험 자산에 과도한 자금이 배분되고, 군중심리로 인해 무분별한 투자가 확산된다.

자산가격이 고점에 도달하며, 버블 형성의 위험이 증가한다. 시장의 모든 자산이 과대평가되는 경향이 있다. 따라서 금리인상과 유동성 흡수 정책이 발표되면, 주식 비중을 줄이고 안전자산으로 이동할 시점을 준비해야 한다.

이 시기에는 국채 및 회사채 금리가 크게 상승해 채권 보유자에게는 불리한 국면이지만, 신규 투자자에게는 고금리 채권을 확보할 기회가 된다. 따라서 만기가 짧은 고금리 채권에 투자하여 수익을 확정하는 것이 바람직하다.

금리하락기: B구간 ──────────────────○

B1. 시장 하락 초기: 불안과 부정의 시기

시장 조정이 시작되면서 일부 투자자는 상승장이 끝났다는 신호를 인지하지만, 다수는 이를 단순한 조정이나 일시적 하락으로 간주해 부정과 불안을 반복한다. 손실을 회피하기 위해 매도하지 않고 시장이 반등할 것이라는 기대감으로 버티는 경우가 많다. 초기 하락폭은 제한적이며 시장은 혼잡세를 보인다.

고금리를 활용하여 채권을 매수하기 시작할 적기이다. 경기둔화 신호가 나타나며 일부 기업의 실적전망이 하향 조정된다. 중앙은행의 금리인하 가능성이 높아지고, 장기국채 금리는 하락세로 전환된다. 장단기 금리차가 축소되면서 경기침체 가능성이 커진다.

B2. 공포와 패닉: 투매와 공포가 심화되는 시기

시장 하락세가 가속화되면서 투자자들의 공포가 극대화된다. 손실을 인정하지 못하다가 결국 패닉 셀링Panic Selling을 실행한다. 투자 실패에 대한 후회와 자책이 나타난다. 이에 급격한 매도가 확산되고, 극단적인 위험회피 성향이 강화된다.

자산가격이 급락하며 공포 심리가 시장을 지배함에 따라 경기둔화 속도가 빨라지고 소비 및 내수 진작을 위한 금리인하에 속도가 붙는다. 그러나 비관적인 심리로 인해 정책 효과가 제한적이다. 투자자들은 금리인하에도 불구하고 경기 전망을 부정적으로 보며 주식시장에는 비관적인 심리가 팽배한다.

B3. 절망과 체념: 공포의 끝자락

투자자들은 더 이상 시장 회복에 대한 기대를 품지 않고 절망한다. 시장에서 완전히 이탈하거나 투자 자체를 회피한다. 극소수의 장기투자자만 시장에 남고, 대부분은 자산을 매도하거나 투자를 중단한다. 자산가격이 저점에 도달하며, 유동성이 바닥나고 거래량이 감소한다.

경기가 침체국면에 들어서고 투자자 심리는 비관적이며, 중앙은행은 비전통적 부양책을 동원한다. 금리가 매우 낮아진 상황에서 단기국채 금리와 장기국채 금리는 수평에 가까운 수익률곡선을 그린다. 금리 저점이 가까워지면서 공격적인 투자자들은 저금리를 활용하여 저평가 자산 매수 전략을 적극적으로 실행할 시점이다.

표 14 금리 사이클별 심리 변화와 투자전략(달걀이론 기반)

금리 사이클		투자심리	주요 전략	특징
금리 상승기	A1	의심	· 주식 비중 확대 · 채권 비중 축소	· 경기회복 초기 · 위험자산 성과 개선
	A2	확신	· 성장주 비중 확대 · 고위험 채권 선호	· 경기활황 · 기업실적 개선
	A3	탐욕	· 주식 비중 축소 · 안전자산 이동	· 경기과열 · 유동성 흡수 시작
금리 하락기	B1	불안	· 장기채권 매수	· 경기둔화 신호 · 금리인하 예상
	B2	공포	· 채권 듀레이션 확대, 안전자산 유지	· 경기둔화 가속화 · 금리인하 가속화
	B3	절망	· 주식 및 고위험 자산 매수	· 경기침체 · 비관적 심리

금리와 채권:
탐욕과 공포를 읽는 법

금리는 자금과 시장을 연결하는 핵심 고리이다. 금리 변화를 이해하면 채권의 본질적 강점을 활용하여 투자 의사결정을 더 정교하게 내릴 수 있다. 채권의 주요 역할은 안정적인 수익을 제공하는 데 있지만, 투자 목적에 따라 활용 방식은 크게 달라질 수 있다. 채권은 안정성과 투기적 성격이 공존할 수 있는 독특한 자산이다.

채권의 가장 큰 장점 중 하나는 금리변동에 따른 리스크를 상대적으로 예측하고 관리하기 쉽다는 것이다. 따라서 금리와 채권을 깊이 이해하면 경제흐름과 시장 트렌드 분석 능력, 위험관리 능력을 높여 포트폴리오의 성과를 극대화할 수 있다.

금리변동과 채권시장의 일반적인 관계 ————————○

금리와 채권가격은 반대로 움직인다

금리와 채권가격은 역의 관계를 가진다. 금리가 상승하면 채권가격은 하락하고, 금리가 하락하면 채권가격은 상승한다. 이러한 관계는 금리변동이 투자자의 심리에 강력한 영향을 미친다는 점에서 매우 중요하다.

금리상승기에는 투자자들이 손실에 대한 공포를 느껴 기존 채권을 매도하며 채권시장은 약세를 보인다. 반면 금리하락기에는 투자자들이 금리하락으로 인한 자본차익과 이자율 혜택을 기대하며 매수에 나선다. 이로 인해 채권시장은 강세를 띤다.

채권은 안정성과 동시에 때때로 높은 변동성을 가진다. 채권은 투자 시점부터 이자 지급 및 원금 상환이 일정하게 확정된다는 점에서 안정적인 현금흐름을 제공한다. 그러나 채권의 매매 과정에서 발생하는 자본차익은 시장금리에 따라 변동되며 투자자 심리에 영향을 준다. 금리변동이 클수록 투자자들은 채권을 안전자산으로 신뢰하거나, 반대로 리스크를 간과하는 양극단의 반응을 보이기 쉽다. 특히 중앙은행의 예상을 벗어난 금리정책(예: 급격한 금리인상 또는 금리인하)은 채권시장의 변동성을 확대하며 투자자들의 심리를 크게 흔든다.

금리변동은 단순히 채권가격의 변화를 초래하는 데 그치지 않는다. 투자자들은 금리를 경제와 시장의 주요 신호로 해석하며, 심리적 반응을 보인다. 금리상승기에는 손실 가능성을 우려한 투자자들이 공포심리로 인해 채권 매도를 강화하며 위험회피 심리가 커진다. 반면 금리하락기에는 투자자들이 탐욕심리로 자본차익의 기회를 노리며 매수세를 강화한다. 이와 같은 심리적 변화는 금리가 시장에서 단순한 숫자가 아니라, 투자 의사결정과 심리에 직접적으로 영향을 미치는 중요한 변수임을 보여준다.

3가지 채권수익률

일반적으로 장기채권은 표면금리가 높고, 만기가 길수록 복리효과로 인해 수익률이 높다는 인식이 있으나, 이는 수익률 개념을 정의하는 방법에 따라 다르게 해석된다.

채권수익률에는 세 종류가 있다. 이자를 받는 기준인 표면이자율Coupon rate과 채권가격을 결정하는 시장수익률Market interest rate, 그리고 만기 보유를 가정한 만기수익률YTM, yield to maturity이다.

채권시장의 3가지 수익률: 표면이자율 vs. 시장이자율 vs. 만기수익률

- 시장금리가 상승하면 채권가격이 하락한다. 이 시점에 채권을 저렴하게 매수하면 만기수익률이 표면이자율보다 높아질 수 있다. 반대로 시장금리가 하락하여 채권 가격이 상승한 경우, 채권을 비싸게 매수하기 때문에 만기수익률은 표면이자율보다 낮을 수 있다.

- 예를 들어, 시장금리가 5%일 때 표면이자율이 5%인 채권의 가격은 액면가에 거래된다. 그러나 시장금리가 6%로 상승하면 채권의 가격은 액면가보다 낮은 수준으로 하락한다. 이때 만기수익률은 6%에 근접한다. 반대로 시장금리가 4%로 하락하면 기존에 표면이자율이 5%인 채권은 더 매력적으로 보이게 되어 가격이 상승하고 만기수익률은 4%에 가까워진다.

표면이자율은 채권 발행 시에 정해지는 고정이자율로 채권의 액면가(원금)에 대해 매년 지급되는 이자의 비율이다. 예를 들어, 표면이자율이 5%인 채권의 액면가가 1,000달러라면 매년 50달러의 이자가 지급된다. 표면이자율은 채권이 시장에서 거래될 때 변하지 않고 일정하다.

표면이자율은 일반적으로 만기가 길수록 유동성 위험, 기간 프리미엄 등을 반영하여 높은 금리를 제공한다. 즉, 동일한 조건의 채권에서 표면이자율은 만기가 길수록 높아지는 경향이 있다.

시장수익률은 시장금리라고 표현하는데 예금금리, 대출금리 등 실생활에서 자주 접하는 금리가 이것이다. 시장금리는 현재 시장에서 적용되는 일반적인 금리 수준으로 경제상황, 통화정책, 인플레이션, 경기전망 등에 따라 매일 변동하며 채권가격과 만기수익률에 직접적인 영향을 준다.

시장수익률은 경기부진으로 단기자금 시장의 유동성이 급격히 위축되거나 경기전망이 악화되는 경우, 디플레이션 위험이 큰 경우에는 장기금리가 단기금리보다 낮은 경우도 있다. 따라서 시장수익률은 투자심리 및 금융시장 환경에 따라 역전될 수 있다.

만기수익률은 현재 시장가격을 기준으로 채권을 만기까지 보유할 경우 얻게 되는 연간수익률이다. 만기수익률은 채권의 시장가격, 표면이자율, 만기까지의 기간 등을 모두 고려하여 계산되며, 투자자가 현재 시점에서 채권을 구매하면 최종적으로 얻게 되는 수익률을 나타낸다. 즉, 만기수익률은 실제 투자수익을 보여주는 지표이므로 채권의 투자수익을 평가할 때는 반드시 만기수익률을 기준으로 계산해야 한다.

만기수익률은 정상 수익률곡선 상황에서는 만기가 길수록 금리가 높다. 만기가 길수록 더 높은 위험을 요구하는 기간 프리미엄term premium 때문이다. 경기가 좋거나 인플레이션 전망이 높을수록 기간 프리미엄은 높아진다. 반면 경기가 안 좋거나 디플레이션 우려가 심화되면 안전선호 심리가 높아지고, 기간 프리미엄은 마이너스가 되기도 한다. 이 경우 만기수익률은 만기가 길수록 더 낮아진다.

채권 수익률곡선의 의미와 종류

- 수익률곡선(Yield curve)은 다양한 만기 기간에 따른 채권의 수익률을 그래프로 나타낸 것이다. 일반적으로 국채 수익률을 사용하여 그리며 금리환경, 경제전망, 투자심리 등을 파악하는데 도움된다.

- 정상 수익률곡선(Normal Yield curve): 경기가 안정적이거나 성장국면에 있을 때 나타나는 가장 일반적인 형태로 만기가 길수록 수익률이 높아지는 우상향 곡선을 나타낸다. 투자자들은 장기채권에 투자할수록 더 높은 위험을 감수하므로 더 높은 금리를 받을 수 있다.

- 평탄한 수익률곡선(Flat Yield curve): 경기둔화 또는 불확실성이 높아지는 시기에 나타나는 형태로 장기 수익률과 단기 수익률이 거의 같다. 정상 수익률곡선에서 역전 수익률곡선으로 넘어가는 과도기적 형태이며, 이 경우 향후 경기침체 가능성이 검토되기 시작한다.

- 역전 수익률곡선(Inverted Yield curve): 가까운 미래에 경기가 침체될 가능성을 높게 보는 경우, 장기 수익률이 단기 수익률보다 낮은 우하향 형태를 나타낸다. 단기 금융시장에 유동성이 부족하여 단기금리가 높아진 상황이거나, 미래에 극심한 경기침체 가능성을 선반영하여 장기금리가 큰 폭으로 하락했을 때 발생한다.

한편, 장기채권은 금리변동에 민감하여 금리가 상승하면 채권가격이 하락해 큰 손실을 볼 수 있다. 채권금리 변동에 따른 가격변화는 시소로 비유할 수 있는데, 중심점에 가까운 자리는 위아래로 움직이는 폭이 좁은 반면 중심점에서 자리가 멀수록 위 아래로 움직이는 폭이 크다.

금리도 마찬가지이다. 단기금리와 장기금리가 똑같이 1%p 변동하더라도 장기채권의 가격 변동폭이 단기채권의 가격 변동폭보다 크다. 실제로 2022년 미국 30년 만기 국채는 약 -30% 가까이 하락해 역사적인 손실을 기록했다. 같은 기간 만기 3년 이내 단기채권은 -5% 하락해 상대적으로 안정적인 모습을 보이며, 채권 만기가 짧을수록 금리변동에 덜 민감한 것을 증명했다.

채권금리가 1%p 하락하면 채권가격은 몇 % 상승할까?

채권가격과 시장금리는 반대로 움직인다. 금리가 상승할 때는 채권가격이 하락하는데, 이 경우 만기가 짧을수록 손실률이 적다. 반대로 금리가 하락할 때는 채권가격이 상승하는데, 만기가 길수록 수익률이 높다. 그러면 채권금리 변동에 따라 수익률은 어떻게 달라질까?

채권수익률을 계산할 때는 듀레이션을 활용한다. 듀레이션은 채권에 투자한 후 원금을 회복하는 데까지 걸리는 기간을 의미하는데, 이자를 많이 주는 채권일수록 원금 회수가 빨라 채권 만기보다 듀레이션이 짧고, 이자를 적게 주는 채권일수록 만기와 유사하다.

채권금리와 채권가격이 반대로 움직이는 이유

금리가 상승하면 먼저 발행된 채권(예를 들어, 금리 3%)보다 나중에 발행되는 채권의 표면금리(예를 들어, 금리 5%)가 높다. 이 경우, 투자자들은 금리가 더 높은 신규 채권을 선호하고, 기존 채권은 매력이 떨어져 가격이 하락한다.

반대로 금리가 하락하면 신규로 발행되는 채권(예를 들어, 금리 3%) 일수록 금리가 낮게 발행된다. 따라서 기존 채권(예를 들어, 금리 5%)이 더 매력적으로 보이고 수요가 높아져 가격이 상승한다.

듀레이션(Duration)

채권의 가격이 금리변동에 얼마나 민감하게 반응하는지를 측정하는 지표다. 채권의 만기, 이자율, 지급빈도 등을 고려하여 계산되며, 듀레이션이 길수록 금리 변화에 따른 가격 변동폭이 커진다. 장기채권은 듀레이션이 길고, 단기채권은 듀레이션이 짧다. 따라서 금리가 변동할 때 장기채권의 가격은 단기채권보다 더 크게 변동하게 된다.

채권 또는 ETF마다 듀레이션이 계산되어 있기 때문에 따로 계산할 필요는 없으나, 수익률 계산의 편의를 위해 몇 개의 숫자는 기억하는 것이 편리하다. 3년 만기 국채의 듀레이션은 약 2.5년, 10년 만기 국채의 듀레이션은 약 8년, 20년 만기 국채의 듀레이션은 약 17~18년으로 기억하면 수익률 계산에 큰 무리가 없을 것이다.

채권가격 변동률 계산 방법

만약 A 채권 듀레이션이 3년, B채권 듀레이션이 20년인 경우, 채권 금리가 1%p 하락할 때 각 채권의 수익률은 어떻게 변동될까?

채권가격 변동률(%) = -듀레이션 X 수익률 변동폭

A채권가격 변동률(%) = -3×(-1%p) = +3%
B채권가격 변동률(%) = -20×(-1%p) = +20%

금리와 채권투자 전략

금리 변화는 채권투자 수익률에 직접적으로 영향을 미친다. 따라서 금리 환경에 따라 적절한 투자전략을 세우는 것이 중요하다. 금리가 상승하거나 하락하는 시점에 채권투자자들이 선택할 수 있는 주요 전략을 구체적으로 살펴보자.

금리상승기에는 만기가 짧은 채권이 유리하다. 금리가 상승하면 기존 채권의 가격은 하락한다. 이때 채권만기가 길수록 가격 하락폭이 더 크기 때문에 투자손실 위험이 커진다. 따라서 금리상승기에는 상대적으로 금리변동에 덜 민감한 단기채권에 투자하는 것이 효과적이다.

단기채권이란 보편적으로 만기가 3년 이하의 채권을 말한다. 듀레이션이 짧아 금리변동에 따른 가격 하락폭이 작다. 만약 채권에 투자한 후 금리가 상승하면, 새로운 채권을 더 높은 수익률로 계속 재투자할 수 있어 수익률 제고에 도움이 된다. 예를 들어, 단기국채 ETF를 활용하면 금리상승기에 유리한 분산투자 효과를 누릴 수 있고, 만기가 1년 이하인 채권 또는 머니마켓펀드MMF에 자금을 배치하여 유동성을 확보하면서도 안정적인 수익률을 기대할 수 있다.

한편, 금리하락기에는 장기채권 기대수익률이 높다. 금리가 하락하면 기존 채권의 가격은 상승한다. 특히 장기채권은 듀레이션이 길어 금리하락에 따른 가격 상승폭이 크기 때문에 높은 자본차익을 기대할 수 있다.

장기채권이란 보편적으로 만기가 7년 이상인 채권으로, 듀레이션이 길어 금리하락 시에 가격 상승 효과가 극대화된다. 인플레이션이 안정되거나 경기침체 우려가 커질 때 장기투자의 매력이 높아진다. 예를 들어, 장기국채 ETF 또는 10년 이상 만기 국채에 투자하여 금리하락에 따른 가격 상승 효과를 극대화할 수 있다. 만약 금리하락 초기에 채권 비중을 확대할 경우, 장기적으로 안정적인 자본차익도 누릴 수 있다.

수익률곡선의 변화를 활용하면 보다 적극적인 투자전략을 펼칠 수 있다. 수익률곡선이 평탄화되거나 역전되는 경우에도 이를 활용한 투자전략이 가능하다.

경기둔화와 금리인하 기대가 높아지면 수익률곡선은 평평해진다. 수익률곡선 평탄화 시기에는 장기채권(만기 10년 이상)에 투자하여 위험 대비 높은 수익률을 추구할 수 있다. 반면, 단기금리가 장기금리보다 높아지는 수익률곡선 역전 시기에는 고금리 단기 국채와 같은 예금 대체형 채권을 선택해 안정적인 단기 수익을 얻는다.

다만, 금리 변화의 가장 큰 요인 중 하나는 인플레이션이다. 인플레이션이 높은 시기에는 실질 수익률이 감소할 수 있으므로 물가채 또는 변동금리채권을 활용하는 전략이 유효하다.

물가연동채권TIPS은 인플레이션율에 따라 원금과 이자가 조정되므로 실질 구매력을 보호할 수 있다. 특히 금리가 하락하고 인플레이션 우려가 커질 때 TIPS의 매력이 상승한다. 또한 변동금리채권은 금리가 변동할 때 이자 지급액이 조정되므로 금리상승기에도 안정적인 현금흐름을 유지할 수 있다.

금리는 채권투자 성과를 좌우하는 핵심 변수로, 전략 수립의 출발점이다. 금리의 움직임을 읽고, 이를 기반으로 단기·중기·장기 전략을 구사하면 위험을 최소화하면서 수익을 극대화할 수 있다. 성공적인 채권투자는 금리와 시장심리, 그리고 중앙은행의 정책 변화를 종합적으로 분석하고 대응하는 데 달려 있다.

표 15 금리 변화에 따른 채권투자 전략

금리 변화	전략	설명	추천 채권 종류
금리상승기	단기채권 집중	금리상승 시 기존 채권의 가격은 하락하므로, 만기가 짧은 채권에 투자하여 가격 하락폭을 최소화	단기채권(1~3년), 단기 국채 ETF, 머니마켓펀드(MMF)
금리하락기	장기채권 집중	금리하락 시 기존 채권의 가격은 상승하므로, 장기채권에 투자하여 가격 상승폭을 극대화	장기채권(7년 이상), 장기 국채 ETF
수익률곡선 평탄화	중기채권 투자	경기둔화 및 금리인하 기대가 높아지면 수익률곡선이 평탄화되므로, 중기채권에 투자하여 높은 수익률 추구	중기채권(3~7년)
수익률곡선 역전	단기채권 집중	금리가 상승할 때 수익률곡선이 역전되면, 유동성을 확보하기 위해 단기채권에 집중하여 안정적인 단기 수익 추구	단기채권(1년 이하), 고금리 단기 국채
인플레이션 우려	물가연동채, 변동금리부 채권	인플레이션 우려가 클 경우 실질 수익률을 보호하기 위해 물가연동채권(TIPS) 또는 금리변동 시 이자가 조정되는 변동금리 채권 투자	물가연동채권(TIPS), 변동금리채권

표 16 만기별 대표 미국채 ETF 라인업

만기	티커	종목명	운용사	듀레이션 (년)	운용자산 (억 달러)
1년 이하	SHV	iShares Short Treasury Bond ETF	BlackRock	0.38	224.8
	BIL	SPDR Bloomberg 1-3 Month T-Bill ETF	State Street	0.13	223.7
	SGOV	iShares 0-3 Month Treasury Bond ETF	BlackRock	0.15	127.9
3년 이하	SHY	iShares 1-3 Year Treasury Bond ETF	BlackRock	1.89	233.6
	VGSH	Vanguard Short-Term Treasury ETF	Vanguard	1.88	122
	SCHO	Schwab Short-Term US Treasury ETF	Schwab	1.9	67.1
10년 이하	GOVT	iShares U.S. Treasury Bond ETF	BlackRock	6.33	244.8
	IEI	iShares 3-7 Year Treasury Bond ETF	BlackRock	4.51	105.3
	VGIT	Vanguard Intermediate-Term Treasury ETF	Vanguard	4.5	70
10년 이상	TLT	iShares 20+ Year Treasury Bond ETF	BlackRock	16.81	256.3
	VGLT	Vanguard Long-Term Treasury ETF	Vanguard	16.7	43.5
	EDV	Vanguard Extended Duration Treasury ETF	Vanguard	24.3	21

탐욕과 공포를 통제하는 금리 ⸺⸺⸺⸺⸺⸺⸺⸺⸺○

투자심리와 사이클

금융시장 사이클은 기본적 요인과 심리적 요인으로 작동한다. 기업실적, 금리, 성장률 등 경제적 펀더멘털이 기본적 요인이고, 투자자들의 탐욕과 두려움이 심리적 요인이다. 경제와 금융시장은 상승과 하락 사이를 주기적으로 반복하며, 이러한 순환은 평균으로 돌아가려는 경향에 따라 과도한 상승이나 하락 이후 결국 반대 방향으로 움직이는 특징을 가진다.

탐욕이 시장을 지배하는 시점에서 투자자들은 지나치게 낙관적이 되어 위험을 과소평가하고 과대평가된 자산을 무리지어 매수한다. 경제호황기에 자산가격이 급등하면 투자자들은 매수 시점에 안도하며 탐욕을 더욱 강화한다. 반대로 시장이 침체에 빠질 때 투자자들은 극단적으로 비관적이 되어 자산을 대거 매도하며 공포가 시장을 지배한다. 이때는 매도하는 순간에 비로소 심리적 안정감을 느낀다.

하워드 막스[5]는 시장이 주기의 어느 단계에 있는지를 파악하는 것이 성공적인 투자의 출발점이라고 강조했다. 시장이 과열되었는지 혹은 저평가 상태인지 인식하고, 이에 따라 보수적 또는 공격적 전략을 선택하는 것이 필수적이다. 특히 금리는 두려움과 탐욕을 조정하는 가장 강력한 경제적 지렛대로 작용한다. 금리가 투자자의 심리에 미치는 영향은 경제와 금융시장 방향성을 결정짓는 중요한 요소로, 이를 적절히 이해하고 활용하면 위기를 대비할 수 있다. [표 17]는 하워드 막스의 오크트리가 투자자에게 전하는 메모에서 제시한 '시장평가 지침'의 일부이다.

표 17 **오크트리 캐피탈의 시장평가 지침**

활기찬	경제	부진한
긍정적	전망	부정적
적극적	대출기관	소극적
완화	자본시장	경색
풍부	자본	부족
완화	조건	엄격

5   오크트리 캐피탈 회장. 주기의 정확한 타이밍이나 사이클의 정점이나 바닥을 예측하려고 하기 보다는 심리 변동을 파악하여 신중한 태도로 리스크 관리할 것을 강조하는 월가의 전설이다.

낮은	**금리**	높은
좁은	**수익률 스프레드**	넓은
낙관적		비관적
자신감	**투자자**	낙담
매수에 적극적		매수에 무관심
보유에 행복함	**자산보유자**	출구를 향해 돌진
거의 없음	**매도자**	많음
활성화	**시장**	관심 부족
가입이 어려움	**펀드**	누구나 가입 가능
매일 새로운 상품 출시됨		최고의 펀드만 자금 집중

탐욕과 공포를 통제하는 금리

채권은 시장심리가 악화될 때 투자자에게 안전자산 역할을 한다. 채권은 고정이자를 지급하는 특성상, 금리하락기에 가격이 상승해 안정적인 수익을 기대할 수 있는 위험회피 수단으로 선호되기 때문이다. 특히 국채는 정부가 발행하고 디폴트(채무불이행) 위험이 낮아, 경제적 불확실성이 커질 때 투자자들이 국채로 자금을 이동시키는 경향이 있다. 이러한 수요는 경제불안과 함께 강화된다. 예를 들어, 글로벌 경기둔화가 우려되던 2022년 미국 국채 수익률은 투자자들이 대거 국채로 자금을 옮기며 급격히 하락했다.

다만, 채권시장도 과열될 경우 안전자산의 기능을 넘어 투기적 자산으로 변질될 수 있다. 실제로 2008년 금융위기 전 일부 채권시장의 과열은 위기의 단초가 되기도 했다. 따라서 채권이 안전자산으로 작용하는 사례와 투기적 자산으로 활용된 사례를 비교하며, 현재 채권시장에 반영된 투자

심리를 면밀히 분석할 필요가 있다.

사람들이 두려워하는 것은 결국 불확실성이다. 경제에서 불확실성은 '측정 불가능한 위험'으로 정의되며, 이는 특히 소비자와 투자자에게 심리적 압박으로 작용해 신중한 소비와 투자 회피를 유발한다. 이런 심리는 금리가 급격히 상승하거나 하락할 때 더욱 두드러진다. 행동경제학의 손실 회피 경향에 따르면, 사람들은 이익보다 손실에 따른 고통을 2배 이상 크게 느낀다. 따라서 경제 및 금융시장이 불안할수록 불확실성에 대한 공포는 늘어나며, 금리가 안정적으로 경제 방향을 제시하면 공포심은 완화되고 평정심을 찾게 된다.

나이트의 불확실성 개념(Knightian Uncertainty).

위험과 불확실성은 모두 임의성을 가지는 공통점이 있지만, 위험은 측정가능한 확률을 갖는 것, 불확실성은 측정불가능한 것으로 구분한다. 예측할 수 없는 위험은 사람들로 하여금 조심스럽게 행동하게 만든다고 설명한다.

한편, 사람들은 탐욕을 선호한다. 저금리 환경에서는 부동산과 주식과 같은 자산가치가 높아지고, 저금리가 장기화될수록 투자자들의 탐욕은 강화된다. 금리변동이 자산의 기대수익률을 조정하기 때문이다. 금리가 낮아질 때는 미래가치를 중시하는 경향이 강화되며, 투자자들은 장기적인 이익을 위해 투자를 늘린다. 할인율이 낮아지면 현재 자산의 미래가치가 높게 평가되어, 더 많은 투자와 자산 구매를 촉진하는 효과가 나타난다. 그 결과 금리가 하락하면 무위험자산의 매력이 감소하고, 위험자산에 대한 선호가 커져 투자자의 탐욕이 자극된다. 실제로 2008년 금융 위기 이후 저금리 환경에서 주식과 같은 위험자산의 인기가 급증한 것은 이를 증명한다.

국채가 무위험자산이 된 이유

국채가 무위험자산으로 평가되는 가장 큰 이유는 신용 리스크가 낮기 때문이다. 특히 국채나 우량기업에서 발행하는 채권은 발행자의 신용도가 높아 부도 위험이 상대적으로 낮다. 그중에서도 미국채는 경제 규모, 재정 건전성, 정치적 안정성에서 강력한 신뢰를 갖추고 있어 채무불이행 가능성이 매우 낮다. 따라서 국채는 위험이 발생할 확률이 낮은 무위험 자산으로 간주된다. 그 결과 우량국가의 채권일수록 위기 시에도 유동성 확보가 수월하다.

실제로 해리 마코위츠의 포트폴리오 이론[6]에서는 미국채 금리를 무위험 자산으로 정의한다. 포트폴리오 이론은 자산의 상관관계를 활용한 분산 투자를 통해 위험은 낮추고 기대수익률을 높이는 방법을 제시한다. 그리고 윌리엄 샤프는 포트폴리오 이론을 확장하여 CAPM^{Capital Asset Pricing}

Model, 자본자산가격결정모형을 개발했다.

---

6 해리 마코위츠(Harry Markowitz)가 1952년에 제시한 이론으로, 투자의 분산효과와 위험관리를 통한 효율적 포트폴리오 구성을 목표로 한다. 이를 통해 투자자는 특정 기대수익률을 유지하면서도 리스크를 최소화할 수 있는 자산배분을 결정할 수 있다. 포트폴리오 이론은 투자자들이 미래의 기대수익률과 변동성을 정확히 예측할 수 있다고 가정하지만, 이는 현실적으로 어려운 부분이다. 또한 상관관계의 변화 가능성을 반영하지 못해 금융시장의 불안정기에는 한계가 발생할 수 있다.

CAPM(자본자산가격결정모형)

CAPM은 자산의 기대수익률과 시장위험 간의 관계를 설명하는 모델이다. 이 모델에 따르면 투자자는 자산에 투자함으로써 감수하는 위험에 대한 보상을 기대한다.

- 기대수익률 기본 공식: $E(Ri)=Rf+\beta i(E(Rm)-Rf)$

- $E(Ri)$는 자산 i의 기대수익률, Rf는 무위험수익률 (우량국가의 국채 수익률), βi는 자산 i의 시장위험도. $E(Rm)$은 시장의 기대수익률을 의미한다.

CAPM은 많은 가정을 기반으로 하며, 현실에서는 CAPM의 가정들이 성립하지 않는 경우가 많다. 예를 들어, 무위험자산이 존재한다고 가정하거나 투자자들이 동일한 정보를 바탕으로 합리적으로 행동한다고 가정하는데, 이는 실제 시장에서 자주 위배된다. 또한 베타가 수익률을 설명하지 못하는 상황도 자주 발생해 한계가 드러나기도 한다.

CAPM은 개별 자산의 기대수익률이 무위험수익률과 시장위험 프리미엄에 따라 결정된다고 설명한다. 이때 무위험수익률은 일반적으로 '우량 국가의 국채 수익률'로 간주되는데, 이는 이러한 국채가 다른 어떤 자산보다도 가장 낮은 위험을 감수하는 투자처로 평가되기 때문이다.

만약 채권에서 신용위험이 발생한다면 법적으로 보호받는 권리, 즉, 우선변제권이 있다. 회사채의 경우, 채권자는 기업 파산시 청산 또는 구조조정 과정에서 우선변제권을 가지며, 이는 주주보다 우선해 자산을 분배받을 수 있는 법적 권리이다. 채권투자자가 주식투자자와 다른 점은 회사가 파산할 경우 채권자들에게 우선적으로 회사의 자산이 분배되고, 남은 자산이 있을 경우에만 주주들이 배당을 받는다는 것이다.

채권의 우선순위

채권자 중에서도 다양한 채권 종류에 따라 우선순위가 다르다.

· 담보부 채권: 담보로 지정된 자산이 있는 채권은 우선순위가 가장 높으며, 발행자가
  디폴트 시 담보 자산을 처분하여 상환받을 수 있다.

· 선순위 채권: 담보가 없는 채권 중에서도 계약상 상환 우선권이 부여된 채권. 후순
  위 채권보다 우선적으로 변제받는다.

· 후순위 채권: 다른 채권자들이 변제를 받고 난 이후에 상환받는 채권으로, 상대적으
  로 높은 이자율을 제공하지만 디폴트 시 변제 가능성이 낮다.

한편, 채권은 주식에 비해 가격변동성이 낮다. 주식시장이 급락할 때에도 채권은 비교적 안정적인 가격을 유지하며, 투자자는 고정된 이자 수익을 받을 수 있어 안전자산으로 선호된다. 이런 특성 덕분에 경제위기 시 채권가격이 상승하고 수익률이 안정되어, 채권은 위험회피의 대안으로 기능한다.

마지막으로 금리는 경제상황에 따라 일정한 패턴을 보인다. 금리는 상승 시 경기과열을 억제하고, 하락시 경기부양 효과를 유도한다. 이러한 예측 가능성은 투자자와 소비자에게 심리적 안정감을 준다. 금리인상이 예상되는 경우, 가계와 기업은 자금 조달비용 증가를 예상하고 차입을 줄이며, 이는 신중한 소비와 투자 감소로 이어진다. 기업들은 경기둔화 가능성을 감안해 재고를 조정하고, 투자와 고용을 줄이는 등 보수적인 경영을 하게 된다.

반대로 금리인하가 예상되는 경우, 가계와 기업은 차입비용 감소로 인해 소비와 투자가 확대되고, 주식과 부동산 자산가치 상승을 통해 발생하는 부의 효과Wealth Effect는 가처분소득을 늘려 소비심리를 더욱 강화시킨다. 기업은 미뤄둔 투자와 고용을 확대하고, 적극적인 성장전략을 실행한다. 이는 미국의 '미시간 소비자 신뢰지수'와 같은 지표에 반영되며, 실제로 금리상승기에는 소비자 신뢰가 하락하고, 금리하락기에는 소비자 신뢰가 상승하는 경향이 나타난다.

부의 효과(Wealth Effect)

금리인하가 이루어질 때, 주식과 부동산과 같은 자산가격이 상승하며 소비자의 가처분소득이 증가하는 효과가 발생한다. 이로 인해 투자와 소비가 증가하는데, 이는 금리변화가 개인의 자산가치에 어떻게 작용하고, 궁극적으로는 경제 전반의 소비와 투자에 어떤 영향을 미치는지를 보여주는 중요한 심리적 반응이다.

채권투자가 위험해지는 순간

채권이 항상 안전한 것은 아니다. 국채는 일반적으로 무위험자산으로 간주되나, 실제로는 신용 위험, 이자율 위험, 인플레이션 위험등 다양한 위험이 내재되어 있다. 회사채는 발행자의 신용에 따른 위험이 상대적으로 커 국채보다 높다. 이렇듯 채권은 발행자 유형과 시장 상황에 따라 안전자산으로써 역할이 다르게 평가되며, 경우에 따라 큰 손실을 입을 수 있음을 기억해야 한다.

채권투자 위험의 종류

1) 신용 위험(Credit Risk): 발행자가 원금 또는 이자를 상환하지 못할 가능성.
2) 이자율 위험(Interest Rate Risk): 금리가 상승할 경우 기존 국채의 가격이 하락할 가능성.
3) 인플레이션 위험(Inflation Risk): 인플레이션으로 인해 국채의 실질수익률이 감소할 가능성.
4) 재정적 위험(Fiscal Risk): 정부가 예산 적자를 지속하거나 부채를 과도하게 늘릴 때 발생.
5) 유동성 위험(Liquidity Risk): 국채를 매도하려 할 때 시장에서 원활하게 거래되지 않음.
6) 정치적 위험(Political Risk): 정치적 불안정성이나 정책 변화로 인해 국채 가치가 흔들림.
7) 환위험(Currency Risk): 외화로 발행된 경우 환율변동으로 인해 발생.

실제로 최근 수십 년 동안 채권은 투기적 투자 수단으로도 활용되었다. 고레버리지와 금리 스프레드를 활용한 투자전략은 높은 수익을 추구하지만, 동시에 채권시장의 불안정성과 리스크를 증폭시킬 수 있다. 그리고 극단적인 시장 상황에서는 이러한 투기가 막대한 손실로 귀결되었다.

채권투자의 5가지 주의 사항

채권투자는 금리변동에 따라 수익성과 리스크가 크게 달라진다. 따라서 금리의 방향성만 바라보고 투자 결정을 내리는 것은 위험할 수 있다. 다음 다섯 가지 주의사항을 통해 채권투자의 함정을 피하고 안정적인 수익을 달성하는 전략을 세우는 것이 필요하다.

첫째, 금리인하가 항상 채권 수익을 보장하지 않는다. 금리가 인하되면 일반적으로 채권가격은 상승하지만, 모든 채권이 반드시 수익을 보장하지는 않는다. 금리인하기에도 채권가격이 하락할 수 있으며, 금리 외적인 요소들이 채권시장을 불안정하게 만들 수 있다. 2008년 리먼브라더스 사태를 떠올려보면, 당시 금리는 급격히 인하되었지만 기업의 신용위험이 폭발하면서 많은 투자자들이 손실을 입었다. 금리인하로 인한 환율변동은 특히 외화채권 투자에서 환차손 위험을 초래할 수 있으며, 장기적으로 금리인하는 인플레이션 위험을 키워 실질 수익률을 감소시킬 가능성이 있다. 금리 수준만으로 독자 판단을 내리기보다는, 신용 리스크와 인플레이션, 환율 등 다양한 요인을 함께 고려해야 한다.

둘째, 장기채권은 금리인하 사이클에서도 리스크를 동반한다. 장기채권은 금리인하로 인한 가격 상승 가능성이 높지만, 그만큼 외부요인에 민감하다. 1970년대 미국에서는 금리인하가 있었지만, 이후 급격한 인플레이션이 발생하면서 장기채권의 가치가 급락했다. 금리가 낮아질 때 장기채권에 투자하는 것은 매력적일 수 있으나, 미래의 금리인상 가능성과 인플레이션 리스크를 항상 염두에 둬야 한다.

셋째, 저금리가 장기화되면 오히려 채권의 투자 매력이 저하된다. 일본의 초저금리 시대를 생각해보면, 장기국채는 거의 수익을 내지 못했고, 투자자들은 더 높은 수익을 찾아 주식이나 부동산 등 다른 자산으로 이동했다. 금리인하가 지속되면 채권의 상대적 매력이 줄어들어 투자자들이 채권시장을 떠날 가능성이 커진다. 이는 채권투자자에게 장기적 수익

저하와 기회비용 증가를 의미한다.

넷째, 신용 리스크에 주의해야 한다. 금리인하는 자본조달 비용을 낮추지만, 이는 부실기업의 리스크를 감출 수 있다. 낮은 금리는 재무건전성이 취약한 기업과 국가도 쉽게 자금을 조달하게 만들며, 장기적으로 파산 위험의 원인이 된다. 2010년대 유럽 채무위기 동안 저금리 정책이 시행되었지만, 그리스와 같은 국가들의 부실 채권 문제로 인해 큰 손실이 발생했다.

마지막으로 금리인하는 채권시장에 거품을 형성할 수 있다. 금리인하가 장기간 지속되면 유동성 효과로 대부분의 자산시장은 과열을 맞이한다. 2020년 코로나 팬데믹 기간 동안 각국의 초저금리 정책으로 인해 회사채 및 국채시장이 급격히 상승했다. 과대평가된 채권은 통화정책 방향성이 변동되었을 때 급격히 무너진다. 따라서 시장의 과열 여부를 주의 깊게 관찰하고, 채권의 적정 가치를 평가하는 노력이 필요하다.

5

금리로 심리를
통제한 사례

탐욕을 억제한 금리:
인플레이션과 기준금리 인상

탐욕은 시장의 본능적인 속성이다. 자산가격이 급등하고 투자자들이 '놓치면 안 된다'는 심리에 휩싸일 때, 탐욕은 걷잡을 수 없는 투기적 열풍으로 변질된다. 금융시장에서 탐욕은 상승장을 만나 더욱 강하게 번지며, 때로는 경제의 균형을 무너뜨릴 수 있는 거품을 만든다.

자산가격이 치솟고 투자자들이 과도한 기대감으로 위험을 간과할 때, 금리는 경고음을 울린다. 중앙은행은 금리인상을 통해 시장이 냉정을 되찾게 하고, 과도한 레버리지와 투기적 행동을 억제하며 균형을 회복시킨다. 금리인상은 경제의 과열을 억제할 뿐 아니라, 탐욕에 흔들리는 시장심리를 안정시키고 자산버블의 형성을 사전에 막는 역할을 한다. 투자자들이 이러한 경고를 무시하고 무리한 투자를 이어간다면, 금리인상은 탐욕의 대가를 일깨우는 냉정한 경고가 될 수 있다.

금리 변화를 무시하는 투자 결정은 큰 위험을 동반할 수 있다. 정크본드 붐, 국가 채무 위기, 서브프라임 모기지 사태 등은 금리변동을 간과했을 때 발생한 대표적 채권시장의 실패 사례이다.

다음 사례들은 중앙은행이 금리를 통해 어떻게 탐욕을 제압하고, 시장을 안정화했는지를 보여준다. 금리가 이야기하는 메시지를 읽는 능력은 투자자에게 가장 강력한 방패가 될 수 있다.

1980년대 하이퍼인플레이션과 초강력 통화정책 ──────── ○

1970년대 오일 쇼크는 전 세계 경제에 혼란을 초래하며 치솟는 물가상승, 이른바 하이퍼인플레이션을 야기했다. 당시 미국 경제는 지속적인 인플레이션 속에서 자산가격 상승과 투기적 광풍으로 과열된 상태였다. 당시 인플레이션으로 손실회피 편향과 확증 편향이 자극된 사람들은 구매력을 유지하기 위해 소비를 앞당겼고, 인플레이션의 지속성을 과대평가하며 위험회피보다는 실물자산 투기로 기울어졌다. 이 상황을 해결하기 위해 미국 연방준비제도는 인플레이션을 억제하기 위해 단호하고도 극단적인 조치를 취했다.

1980년, 폴 볼커 연준 의장은 연방기금금리를 사상 최고치인 20% 이상으로 끌어올렸다. 이는 단순한 금리인상 이상의 조치였다. 과열된 시장 심리에 제동을 걸고, 투기적 탐욕이 지배하던 자산시장에 강력한 냉각 효과를 불러일으켰다. 높은 금리는 자산버블을 꺼뜨리고 시장참여자들에게 경제의 기초로 돌아갈 것을 촉구하는 신호로 작용했다.

이 과정에서 미국 경제는 깊은 경기침체를 경험했지만, 치솟던 인플레이션은 안정세로 접어들었다. 그러나 높은 금리는 미국 경제에만 영향을 미친 것이 아니었다. 금리인상으로 달러가치가 급등하며 세계 각국은 미국의 고금리 정책에 대응하기 위해 자국 금리를 인상해야 했고, 이는 글로벌 경제에 연쇄적인 영향을 초래했다. 특히 환율전쟁과 통화정책 갈등이 심화되면서 미국과 주요 교역국간의 경제적 긴장이 고조되었다.

1985년 플라자 합의는 이러한 긴장을 해소하기 위한 대표적인 국제적 조치였다. 이 협정은 미국과 일본, 독일, 프랑스, 영국이 참여해 달러강세와 글로벌 환율 불균형을 조정하기 위해 체결되었다. 플라자 합의에 따라 일본 엔화와 독일 마르크화는 급격히 절상되었고, 특히 일본은 수출경쟁력 약화와 자산버블 형성 등 중대한 경제적 영향을 겪게 되었다.

이 사례에서 금리는 단순히 한 국가의 통화정책 수단이 아니라, 글로벌 경제에서 탐욕적 심리를 통제하고 지속가능한 경제 균형을 조정하는 핵심 도구임을 보여준다. 특히 플라자 합의는 금리가 환율과 연계되어 글로벌 시장참여자의 심리에 미치는 영향을 극명히 보여주는 사례이다. 이는 금리가 탐욕과 불균형을 억제하며, 시장과 경제에 질서를 부여하는 중요한 메커니즘임을 입증한 것이다.

차트 5 미국의 하이퍼인플레이션이 촉발한 환율전쟁

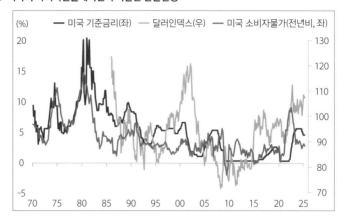

사건의 재구성

· **1970년대 말, 하이퍼인플레이션 시작:** 석유 파동과 공급 충격으로 물가상승
  이 지속되며, 미국을 포함한 여러 국가에서 하이퍼인플레이션이 본격
  화됨. 미국의 연간 인플레이션율은 13.5%에 달하며 경제 불안정성이
  확대됨.

· **1979년, 폴 볼커 연준 의장 취임:** 연방준비제도 의장인 폴 볼커가 물가안정
  을 목표로 금리인상과 통화긴축 등 강력한 통화정책을 채택함. 이로 인
  해 금리가 급격히 상승하고 경기침체 우려가 커짐.

· **1980~1981년, 금리인상:** 폴 볼커는 연방기금금리를 20%까지 인상하는
  초강력 금리정책을 시행. 전 세계적으로 금리가 급등하며, 기업들의 자
  금조달 비용이 크게 증가하고, 주식 및 부동산시장에 큰 영향을 미침.

· **1982년, 경기침체와 실업 증가:** 금리인상의 영향으로 경기침체가 심화되고
  실업률이 상승함. 1982년 12월, 미국의 실업률은 10.8%에 달하며 기업
  들이 구조조정과 해고를 단행.

- **1983년, 경기회복 시작:** 볼커 의장의 통화긴축 정책에도 불구하고, 경제는 점차 회복세를 보이며 성장률이 증가함. 물가상승률은 둔화되고, 경기활성화가 시작됨.
- **1984년, 인플레이션 완화:** 금리가 여전히 높은 상태이지만, 물가상승률은 낮아지고 경제성장률은 안정세를 보임. 연준은 점진적으로 금리를 인하하기 시작하면서 경제의 안정성을 회복함.
- **1985년, 미국 경제 성장:** 금리인하와 안정적인 경제정책 덕분에 미국 경제는 본격적인 성장 모멘텀을 확보하고, 실업률은 하락하며 소비자 신뢰도가 개선됨.
- **1986년, 하이퍼인플레이션 완화:** 미국의 인플레이션율은 1.9%로 낮아지며, 물가안정을 이룬 것으로 평가됨. 폴 볼커의 강력한 통화긴축 정책은 하이퍼인플레이션을 억제하는 데 성공함.

2022년, 인플레이션과 각국의 기준금리 인상 ────○

2022년은 글로벌 경제가 금리정책의 힘을 다시금 체감한 해였다. 2021년부터 시작된 공급망 붕괴, 원자재 가격 상승, 그리고 팬데믹 이후 억눌렸던 수요가 빠르게 회복되면서 전 세계적으로 급격한 인플레이션이 발생했다. 팬데믹 기간 동안의 초저금리는 자산시장의 과열을 부추겼고, 투자자들은 자산가격이 지속적으로 상승할 것이라는 확증 편향에 빠졌다. 이로 인해 인플레이션이 심화됨에도 주식과 부동산과 같은 위험자산에 대한 선호가 계속 유지되었다.

이에 대응하기 위해 미국 연방준비제도는 수십 년 만에 가장 가파른 금리인상 사이클을 시작했다. 연준은 기준금리를 0%대에서 단기간에 5% 이상으로 끌어올리며 시장의 과도한 탐욕과 소비심리에 제동을 걸었다. 이는 단순한 통화정책 변화가 아니라, 인플레이션이라는 구조적 문제를 해결하기 위한 과감한 조치였다.

미국의 금리인상은 미국 시장을 넘어 글로벌 금융시장에 복합적인 영향을 미쳤다. 특히 급격한 금리인상은 달러강세를 초래하며 각국 경제에 큰 충격을 주었다. 유럽중앙은행은 급등한 에너지 비용과 높은 인플레이션에 대응하기 위해 금리인상을 단행했지만, 일본은행은 초저금리 정책을 유지하며 대조적인 행보를 보였다. 이로 인해 엔화는 역사적인 약세를 기록했고, 이는 일본의 수출경쟁력 약화와 수입물가 상승으로 이어져 경제에 부담을 가중시켰다.

중국 또한 다른 선택을 했다. 성장둔화와 부동산 위기에 직면한 중국은 금리를 동결하고 유동성을 공급하며 경제안정화를 도모했다. 그러나 이러한 정책은 다른 국가들과의 금리 차이로 인해 위안화의 약세를 초래했고, 이는 자본유출 압력으로 이어졌다.

미국의 금리인상이 촉발한 달러강세는 신흥국 경제에 특히 큰 영향을 미쳤다. 신흥국 통화는 약세를 보였고, 자본유출로 인한 외환보유액 감소가 경기둔화를 가속했다. 이에 따라 많은 신흥국 중앙은행들은 자국 금리를 인상하거나 외환시장 개입과 같은 긴급조치를 취해야 했다. 그러나 이러한 조치는 내수위축과 경기침체의 부작용을 동반하며 세계 경제의 불안정성을 더욱 심화시켰다.

2022년 사례는 금리정책이 시장심리를 통제하는 강력한 도구임을 보여 주는 동시에, 금리 변화가 환율과 연결되어 각국 경제에 연쇄적인 영향 을 미치는 과정을 잘 보여준다. 미국 연준의 금리인상은 단순히 과열된 시장을 진정시키는 데 그치지 않고, 글로벌 경제의 구조적 불균형을 드 러내며 환율을 매개로 각국의 통화정책 갈등을 촉발했다.

결국, 2022년의 금리인상 사이클은 탐욕과 과열을 억제하기 위해 금리 가 어떻게 작동할 수 있는지를 보여준 사례다. 이러한 조치는 단기적으 로 시장과 경제에 고통을 수반했지만, 금리는 단순한 통화정책 수단을 넘어 글로벌 경제의 균형과 투자심리를 조정하는 핵심 장치임을 다시금 증명했다.

차트 6 팬데믹, 인플레이션, 그리고 각국의 금리인상

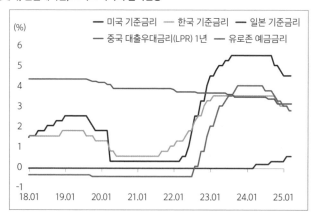

- **2022년 1월, 인플레이션 압력:** 미국을 비롯한 주요 국가들에서 인플레이션이 빠르게 상승하기 시작함. 공급망 문제, 에너지 가격 상승, 그리고 코로나 팬데믹 이후 경제회복에 따른 수요 증가가 주요 원인으로 지목됨. 미국 소비자물가지수는 7%를 넘어서기 시작함.

- **2022년 3월, 우크라이나 전쟁 발발:** 러시아의 우크라이나 침공으로 국제 에너지 가격과 원자재 가격이 급등하며 인플레이션 압력을 더욱 강화. 원유와 천연가스 가격 상승은 세계 경제에 추가적인 부담을 주고, 인플레이션은 전 세계적으로 확산됨.

- **2022년 5월, 미국의 기준금리 인상 시작:** 미국 연방준비제도는 5월 4일 회의를 통해 기준금리를 0.5%p 인상하며 금리인상 사이클을 시작. 2000년 이후 처음으로 0.5%p 금리인상이 단행되었고, 금리인상은 인플레이션을 억제하기 위한 첫 번째 조치로 해석됨.

- **2022년 6월, 인플레이션 악화:** 미국의 소비자물가지수는 9.1%를 기록하며 40년 만에 가장 높은 수준에 도달. 에너지 가격 상승과 공급망 문제 지속으로 인플레이션은 예상보다 더 높은 수준으로 지속됨. 이에 따라 연준은 긴축적 통화정책을 더욱 강화할 필요성을 인식함.

- **2022년 7월, 연준의 금리인상:** 연준은 7월 27일 기준금리를 0.75%p 인상. 이는 1994년 이후 가장 큰 폭의 금리인상으로 연준은 고강도의 금리인상으로 인플레이션 억제를 목표로 함.

- **2022년 9월, 글로벌 경제긴축:** 유럽중앙은행은 9월 8일 0.75%p 금리인상을 단행하며 유로존의 금리인상에 나섬. 전 세계적으로 금리가 급등하며, 주요 중앙은행들이 금리인상과 긴축적 통화정책을 지속적으로 추진하게 됨.

- **2022년 11월, 미국의 금리인상 지속:** 미국 연준은 11월 2일과 12월 14일에 각각 0.75%p 금리인상을 단행하며 총 세 차례에 걸쳐 0.75%p 금리인상을 진행. 성장둔화 우려 속에서 금리인상이 물가상승을 억제할 수 있는 중요한 수단으로 여겨짐.

- **2022년 12월, 성장둔화 우려:** 금리인상과 글로벌 공급망 문제, 우크라이나 전쟁, 에너지 가격 상승 등으로 세계 경제의 성장둔화가 우려됨. 미국과 유럽 등 주요 경제국들은 금리인상으로 물가상승을 억제하지만, 경제성장에는 부담을 주는 상황에 직면함.

- **2022년 말, 금리인상과 경기침체 우려:** 많은 경제 전문가들은 연준의 금리인상과 긴축적 통화정책이 경기침체를 초래할 수 있다고 경고하며, 2023년에는 경기둔화가 본격화될 수 있다고 예상함.

공포를 잠재운 금리:
금융위기와 통화정책

금융시장에서 공포는 순식간에 전염되어 모든 참가자를 마비시킨다. 경제위기와 금융불안이 닥치면 투자자들은 본능적으로 자산을 매도하고 현금을 쥐려는 방어적 태세를 취한다. 하지만 이러한 혼란의 한가운데에서 금리는 중요한 안정의 축으로 작용한다.

중앙은행의 금리인하 정책은 불안정한 경제를 진정시키고, 얼어붙은 시장에 유동성을 불어넣는다. 금리가 낮아지면 자금조달 비용이 줄어들어 소비와 투자가 활성화되고, 이는 투자심리에 긍정적 신호를 보낸다.

위기의 순간마다 금리는 단순한 경제지표를 넘어, 공포로 얼어붙은 시장의 심리를 녹이고 경제의 신뢰를 되살리는 심리적 처방으로 자리 잡았다. 중앙은행이 이러한 공포를 어떻게 다루었는지, 그리고 금리가 시장의 패닉을 어떻게 극복했는지 이해하는 것은 투자자가 유사한 상황에서

냉철한 판단을 내리는 데 도움을 줄 것이다. 다음 사례들은 공포가 지배했던 금융시장에서 금리가 어떤 방식으로 안정과 회복을 가져왔는지 생생히 보여준다.

1930년대 대공황 ──────────────────────── ○

1930년대 대공황은 세계 경제의 근간을 흔든 대재앙이었다. 대량 실업, 은행 폐쇄로 자산가치는 하락했고, 소비와 투자심리는 급속히 위축되었다. 공포는 경제의 모든 영역에 스며들며 심각한 경기침체를 초래했다. 이러한 위기를 극복하기 위해 각국은 금리를 조정하며 경제를 안정시키고 공포를 잠재우려 했다. 특히 미국은 금리를 대폭 인하하고 통화공급을 확대하는 과감한 조치를 취하며 위기에 정면으로 대응했다.

대공황 초기, 미국 연방준비제도는 기준금리를 대폭 낮춰 기업과 가계가 자금을 쉽게 조달할 수 있도록 했다. 1933년까지 미국의 기준금리는 0~2% 수준으로 하락했으며, 이와 동시에 대규모 통화공급이 이루어졌다. 이러한 정책은 얼어붙은 경제심리를 되살리고 소비와 투자를 촉진하려는 목적에서 시행되었다. 금리인하와 통화공급 확대는 경제주체들에게 자금조달의 문턱을 낮추고, 심리적 공포를 완화하는 데 기여했다.

그러나 금리를 낮추는 과정에서 미국은 예상치 못한 글로벌 파장을 초래했다. 기준금리 인하와 통화공급 확대는 달러가치를 약화시키며 수출을 촉진했지만, 다른 국가들에게는 경제적 압박으로 작용했다. 달러약세로 인해 미국 제품의 경쟁력이 상승하자 영국, 독일, 프랑스 등 주요국들도 금리를 인하하고 통화공급을 늘리며 자국 경제를 방어하기 시작했다.

이 과정에서 금본위제는 큰 위기에 직면했다. 금본위제는 통화의 안정성을 보장하는 시스템이었으나, 대공황으로 인한 경제적 압박 속에서 이를 유지하는 것이 점점 더 어려워졌다. 결국 1934년 미국은 금본위제를 공식적으로 포기하고 달러가치를 의도적으로 절하하며 수출경쟁력을 강화하려 했다. 이는 곧 다른 국가들도 자국 통화를 절하하도록 만들었고, 글로벌 경제는 환율전쟁에 돌입하게 되었다.

환율전쟁은 단기적으로 각국이 수출경쟁력을 확보하려는 도구로 사용되었지만, 국제 경제 관계를 악화시키는 부작용을 낳았다. 통화절하 경쟁은 보호무역주의와 결합하여 국가 간 협력을 약화시켰고, 국제 교역이 더욱 위축되며 대공황의 장기화를 부추겼다. 이러한 과정은 금리가 단순한 경제적 수단을 넘어 심리적 안정과 글로벌 경제 균형을 조정하는 핵심 메커니즘임을 입증했다.

표 18 대공황 당시 주요 경제지표 변화

항목	1929년	1933년(최악의 시기)	변화폭
미국 GDP 성장률	6.70%	-12.90%	-19.6%p
미국 실업률	3.20%	24.90%	+21.7%p
주식시장(다우지수)	381(1929년 고점)	41(1932년 저점)	-89%
은행 파산 수	600개(1929년)	4,000개 이상(1993년)	+3,400개
산업생산지수	100(1929년)	52(1932년)	-48%
소비자물가지수(CPI)	17.1(1929년)	13.7(1993년)	-20%
기준금리	약 6%(1929년)	약 0.5%(1993년)	-55%p

- **1929년 10월 29일, 검은 화요일:** 뉴욕 증권거래소에서 주식시장이 대폭락하며 대공황의 시작을 알림. 다우존스 산업평균지수는 12% 하락, 1,000만 주 이상이 매도됨. 이를 '검은 화요일'이라 부르며, 미국 경제의 심각한 침체가 예고됨.

- **1930년, 세계 경제의 위기 확산:** 미국의 주식시장 폭락이 전 세계로 확산되며, 각국의 경제가 위기에 직면함. 유럽 경제는 특히 큰 타격을 입으며 주요 산업국들의 생산량이 급감하고 실업률이 급증함.

- **1930년 6월, 대공황의 본격화:** 미국 대기업들이 파산하기 시작하고, 은행들이 도산하면서 금융 시스템에 대한 신뢰가 크게 떨어짐. 실업률은 급증하고 경제활동이 전면적으로 침체됨.

- **1931년, 유럽의 금융위기:** 영국과 독일의 주요 은행들이 파산하고, 유럽 경제가 더 큰 충격을 받음. 유럽 각국은 금본위제를 포기하며 통화 가치가 급락하고 환율이 불안정해짐.

- **1932년, 실업률 급증:** 미국의 실업률은 25%에 달하며, 대공황의 영향을 받지 않은 산업과 지역이 거의 없을 정도로 경제 전반이 침체됨. 소비와 생산이 급격히 위축됨.

- **1933년, 프랭클린 루즈벨트의 대통령 취임:** 루즈벨트 대통령은 대규모 뉴딜 정책을 발표하고, 경제회복을 위한 강력한 정부 개입을 예고. 은행 휴업, 농업 지원, 공공사업 확장 등 다양한 경제회복 프로그램을 통해 경기부양을 목표로 함.

- **1933년 3월, 은행 휴업:** 루즈벨트는 금융 시스템의 신뢰를 회복하기 위해 은행 휴업을 단행하고, 금본위제 폐지, 새로운 통화정책을 시행. 이를

통해 은행들이 자산을 재조정하고, 금융 시스템의 안정성이 다시 확보됨.

- **1934년, 경제회복 조짐:** 뉴딜정책의 실행과 함께 경제지표가 서서히 개선되기 시작함. 일부 산업과 농업부문에서 회복이 시작되며 주식시장도 점진적인 반등을 보임.

- **1935년, 실업률 감소:** 공공사업과 대규모 정부지출이 경제에 활력을 불어넣으며 실업률이 낮아짐. 주요 산업과 중소기업들이 다시 성장 가능성을 보임.

- **1939년, 대공황 종료:** 제2차 세계대전의 발발과 함께 무기 생산과 전시 경제가 활성화되며 대공황은 종식됨. 전쟁이 경제를 재활성화시키며 미국 경제는 본격적인 성장 모멘텀을 확보하게 됨.

2008년 금융위기: 통화완화 정책의 힘을 깨달은 투자자들 ─────── ○

2008년 금융위기는 글로벌 금융 시스템을 마비시키며 심각한 경기침체를 초래했다. 대출 및 신용시장의 붕괴로 자산가격 하락에 대한 공포심이 극대화되었고, 투자자들은 확증 편향으로 위기의 심각성을 과대평가하며 금과 채권 등의 안전자산에 몰렸다. 이에 따라 각국 중앙은행은 긴급히 금리를 인하하고 대규모 통화완화 정책을 도입해 경제안정화를 도모했다. 특히 미국 연방준비제도의 신속한 정책 대응은 투자심리를 회복시키고 자산시장의 반등을 이끌어냈다.

금리인하는 기업과 가계의 재정 부담을 줄이고, 자산시장의 급락을 방지하는 핵심 정책으로 작동했다. 2008년 금융위기 당시, 연방준비제도는 기준금리를 거의 0% 수준으로 인하하며 공격적인 통화완화 정책을 펼쳤다. 동시에 양적완화를 도입해 대규모 유동성을 시장에 공급했다. 이로 인해 금융시장의 불확실성이 완화되고, 투자자들은 점차 위험자산으로 복귀하며 주식시장이 빠르게 반등했다. 특히 기술주와 성장주가 주도하는 미국 증시는 2009년부터 가파른 상승세를 보였다.

반면, 이러한 저금리와 유동성 증가는 또 다른 부작용도 초래했다. 인플레이션 우려가 확산되며 투자자들은 금과 같은 인플레이션 헷지 자산으로의 쏠림 현상이 심화되었고, 금 가격은 2011년 사상 최고치를 기록했다. 또한 연준의 공격적인 금리인하와 양적완화 정책은 달러약세를 초래하여 국제 금융시장에 광범위한 파급 효과를 미쳤다.

이에 대응해 유럽과 일본은 자국 통화를 방어하기 위해 금리를 인하하거나 양적완화를 도입했고, 이 과정에서 글로벌 환율전쟁이 본격화되었다. 환율 변동성의 증가는 국제무역 관계를 긴장시켰고, 단기적으로는 경기부양에 기여했으나 장기적으로는 불안정한 글로벌 경제 환경을 초래했다.

결국, 2008년 금융위기는 금리인하와 통화정책이 금융시장을 안정시키고 투자심리를 회복시키는데 효과적임을 입증했지만, 동시에 국제 경제 관계의 복잡성을 심화시키는 잠재적인 위험도 함께 드러냈다. 이를 통해 금리가 단순히 국내 경제를 조정하는 도구가 아니라, 글로벌 경제 균형과 심리적 안정에 막대한 영향을 미치는 요소임이 재확인되었다.

차트 7 연준 중앙은행 총자산 추이와 주가지수

- **2000년대 초반, 저금리 환경:** 미국의 금리가 낮아지면서 주택담보대출이 저렴해졌고, 많은 사람들이 대출을 받아 부동산에 투자하기 시작함. 이로 인해 주택가격이 급격히 상승하고 부동산시장이 과열됨.

- **2001~2005년, 부동산 붐:** 신용도가 낮은 개인들에게 주어진 주택담보대출을 기반으로 서브프라임 모기지 채권이 대규모로 발행됨. 금융기관들은 부동산시장의 호황에 기대어 신용도가 낮은 주택담보대출을 기반으로 자산유동화증권을 발행하여 투자자들에게 높은 수익을 약속함.

- **2006년, 금리인상 시작:** 미국 연방준비제도가 금리를 서서히 인상하기 시작함. 금리인상이 진행되면서 주택가격 상승세가 둔화되고, 부동산시장의 거품이 꺼지기 시작함.

- **2007년, 부동산가격 하락:** 주택가격이 급격히 하락하며 많은 사람들이 주택을 처분하거나 압류당하는 사건이 발생함. 서브프라임 모기지 대출자들이 대출상환에 어려움을 겪기 시작함.

- **2008년, 금융위기 발생:** 대규모로 발행된 서브프라임 모기지 채권이 부실화되면서 금융기관들이 큰 손실을 입음. 많은 금융기관이 파산하거나 정부의 구제금융을 요청하게 됨. 전 세계적으로 금융위기가 발생하며, 경제 전반에 심각한 영향을 미침.
- **2008년 후반, 경제적 충격:** 금융위기로 인해 실업률이 증가하고, 소비가 감소하며 글로벌 경제가 침체됨. 이 사건은 채권이 안정적 자산이 아니라 투기적으로 사용될 경우 얼마나 큰 경제적 충격을 초래할 수 있는지를 여실히 보여줌.

2010~2012년 유로존: 위기를 기회로 만든 통화정책 ────○

2010년부터 2012년까지의 유로존 위기 당시 세계 경제는 글로벌 금융위기의 여파로 저성장과 불확실성의 늪에 빠져 있었다. 특히 유럽 경제는 재정위기가 부각되며 투자심리는 극도로 위축되었고, 유럽 국가들의 재정안정성이 도마 위에 올랐다. 투자자들은 남유럽 국가의 디폴트 가능성을 우려하여 자금을 회수하고 채권시장에서 관련 자산을 급격히 매도했으며, 이는 유로화가치 하락과 금융시장 불안을 가속화했다.

유럽중앙은행은 이러한 위기에 대응하기 위해 금리를 인하하고 대규모 채권 매입과 같은 양적완화 정책을 도입하며, 투자심리 회복과 시장안정화를 도모했다. 유럽중앙은행은 독일 국채와 같은 안전자산 중심으로 유동성을 공급했고, 이는 독일 국채의 금리 하락과 가격 상승을 불러와 안전자산 선호 심리를 강화했다.

유럽중앙은행의 통화정책은 주식시장에도 긍정적인 영향을 미쳤다. 2012년 당시 마리오 드라기의 "유로를 지키기 위해 필요한 모든 일을 하겠다"라는 발언은 시장심리를 반전시키는 결정적 계기가 되었다. 금리인하와 양적완화 정책은 유럽 주식시장에서 위험자산 선호 심리를 회복시켰고, 유로스탁스50 지수는 2012년 이후 상승세를 타며 주식시장 반등을 이끌었다.

외환시장에서도 중요한 변화가 있었다. 유로존 위기 기간 동안 지속된 유로화약세는 유럽 수출기업의 가격경쟁력을 높이며 자동차, 화학, 기계 산업 등 주요 수출 산업에서 유럽 기업들이 수혜를 입었다.

결론적으로 유럽중앙은행을 중심으로 한 대규모 양적완화와 금리인하 정책은 채권, 주식, 외환, 금시장 전반에 걸쳐 기회를 제공했으며, 투자심리 회복에 결정적인 역할을 했다. 이를 통해 통화정책이 단순히 경제를 안정화하는 도구를 넘어, 글로벌 자산시장 구조와 투자심리에 깊이 영향을 미칠 수 있음을 다시 한번 입증했다.

차트 8 유로존 중앙은행 총자산 추이와 주가지수

- **2000년대 초반, 저금리 환경:** 유로존은 비교적 낮은 금리로 안정적인 경제 성장을 경험함.

- **2009년, 그리스 재정위기 시작:** 그리스 정부가 재정적자와 부채 문제를 공식적으로 인정하면서 재정위기가 시작됨.

- **2010년, 그리스 국채 발행 및 구제금융 요청:** 그리스는 부채 문제를 해결하기 위해 대규모 국채를 발행함. EU와 IMF에 구제금융을 요청함.

- **2010년, 투기적 숏 포지션 증가:** 많은 헷지펀드와 투자자들이 그리스가 디폴트할 것이라는 예상 아래 대규모 숏 포지션을 취함. 그리스 국채가 투기적 자산으로 변질됨.

- **2011년, 그리스 국채금리 급등:** 그리스 국채금리가 30%를 넘어서며 투자자들이 큰 손실을 입기 시작함.

- **2011-2012년, 유로존 다른 국가들로 위기 확산:** 포르투갈, 스페인, 이탈리아 등 다른 유로존 국가들도 재정 문제가 드러나며 국채금리가 급등함. 이들 국가의 채권도 투기적 도구로 변질됨.

- **2012년, 그리스 구제금융 프로그램:** 그리스는 EU와 IMF의 구제금융을 통해 재정 문제를 해결하기 위한 프로그램에 참여. 그러나 그리스의 경제상황은 여전히 불안정하고 채권가격의 하락은 지속됨.

- **2012년 후반, 경제적 여파:** 유로존 전역에서 경제성장 둔화, 실업률 증가, 소비 감소 등의 부정적 영향이 나타남.

2020년 코로나 팬데믹: 공포를 잠재운 통화정책의 위력 ─────── ○

2020년 코로나 팬데믹 초기, 극도의 불확실성과 공포가 금융시장을 뒤덮으며 투기적 매도와 변동성이 극심하게 확대되었다. 이에 각국 중앙은행은 신속하고 과감한 통화정책으로 경제 시스템을 떠받치며 시장심리를 안정시키는데 성공했다.

미국 연방준비제도는 금리를 제로 수준으로 낮추고 대규모 양적완화를 즉각 시행했으며, 유럽중앙은행과 일본은행도 금리인하와 유동성 공급을 통해 위기에 대응했다. 이러한 조치는 금융시장 전반에 회복의 불씨를 지피며 공포에 잠식된 투자심리를 되살렸다.

특히 주식시장은 팬데믹 초기 폭락세를 딛고 빠르게 반등했다. 기술주 중심의 나스닥 지수는 사상 최고치를 기록했고, 주택시장도 초기의 불확실성을 극복하고 2020년 하반기부터 급격히 반등했다. 경제불확실성과 인플레이션 우려로 인해 금도 사상 최고치를 경신했다.

결국 코로나 팬데믹은 단기적 혼란을 넘어 중앙은행 통화정책의 위력을 재조명하는 계기가 되었다. 금리인하와 유동성 공급은 경제와 투자심리에 있어 강력한 안정제 역할을 하며, 공포를 기회로 바꾸는 발판이 되었다. 팬데믹 이후의 시장 회복은 중앙은행의 통화정책이 금융안정 수단을 넘어, 경제와 자산시장 전체를 견인하는 강력한 도구임을 다시 한번 입증했다.

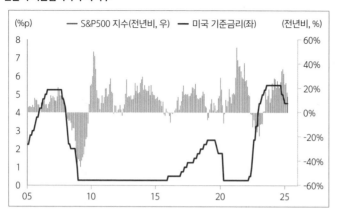

차트 9 연준의 기준금리와 주가지수

사건의 재구성

- **2019년 12월, 발병:** 중국 우한에서 처음으로 코로나 바이러스 감염증 사례가 보고됨. 해당 질병의 원인이 신종 코로나 바이러스로 확인됨.

- **2020년 1월, 확산 시작:** 코로나가 중국 내에서 빠르게 확산되기 시작하고, 첫 사망자가 발생함. 결국 세계보건기구는 코로나를 국제적 공중보건 비상사태로 선언함.

- **2020년 2월, 확산 확대:** 한국, 이탈리아, 이란 등 여러 국가에서 감염자가 증가함. 각국에서 확진자 수가 급격히 늘어남. 여러 국가에서 감염 확산 방지를 위한 봉쇄 조치를 시행함.

- **2020년 3월 9일, 주식시장 급락:** 세계 증시에서 주식가격이 급락하기 시작하며 투자자들 사이에 불안감이 확산됨.

- **2020년 3월 12일, 미국 증시:** 다우존스 산업평균지수가 하루 동안 10% 이상 하락하며 역사적인 폭락을 기록함. 투자자들은 경제의 불확실성으로 인해 패닉 매도를 시작함.

- **2020년 3월 15일, 연방준비제도:** 기준금리를 0%~0.25%로 인하하는 긴급 조치를 발표함. 이러한 조치는 경기부양을 위한 주요 수단으로 간주됨. 연준은 구제 프로그램으로 대규모 자산구매 프로그램을 발표하여 금융 시장에 유동성을 공급하기로 함. 그러나 지수는 계속 하락하여 S&P500 이 3월 23일에 연중 최저치를 기록, 최고점 대비 34% 이상 하락함.

- **2020년 4월, 각국 정부의 재정 지원:** 미국, 유럽, 아시아 등지에서 대규모 재정 지원 패키지가 발표됨. 실업수당과 직접 지급 등이 포함되어 소비 촉진을 목표로 함. 일부 국가에서 코로나 확산세가 완화되며 금융시장도 반등 조짐을 보이기 시작함.

- **2020년 6월, 경제활동 재개:** 여러 나라에서 봉쇄 조치를 완화하며 경제 활동을 재개함. 이에 따라 소비자 신뢰도 회복세를 보임. 실업률도 감소하고 고용시장에 긍정적인 신호가 나타나기 시작함.

- **2020년 8월, S&P500 회복:** S&P500 지수가 코로나 발생 이전 수준을 회복하며, 일부 기업들은 사상 최고치를 기록함. 주식시장 반등이 가속화되면서 경제회복에 대한 기대감이 높아짐.

III

금리로
시장을 이긴다

금리는 경제상황을 미리 반영하는 강력한 도구이다. 그러나 금리가 모든 경제적 문제의 답을 가진 것은 아니다. 경기순환적 문제는 주로 단기적인 수요와 공급의 변동에서 발생하므로 금리나 재정정책으로 조정이 가능하다. 반면 구조적 문제는 경제 시스템 자체의 변화를 요구하기 때문에 금리의 역할이 제한된다. 이제 당신도 경기순환적 성장과 구조적 성장의 차이를 이해하고, 각각의 문제를 진단하며, 이에 맞는 투자전략을 세우기 위한 실질적인 접근법을 알게 될 것이다. 이를 통해 요동치는 경제의 파도 속에서도 꿰뚫어보고, 투자 방향을 판단할 수 있는 나침반을 손에 넣을 수 있을 것이다.

6

마켓 사이클과
금리

마켓 사이클이란
무엇인가?

금융시장은 인간의 욕망과 이해 관계로 채워져 있다. 욕망은 무리지어 움직이며 금융시장에 쏠림과 변동성을 형성한다. 경기변동은 욕망이 이동하는 과정이며, 이러한 흐름은 멈추지 않는다. 경제는 파도처럼 상승과 하락을 반복하며 순환한다. 그러나 이 움직임은 단순한 반복이 아니라, 복합적이고 유기적인 흐름을 동반한다. 때로는 수면 아래 조용히 움직이던 조류가 방향을 바꾸듯, 겉으로 드러나지 않는 변화가 새로운 흐름을 만들어낸다. 투자자들에게 이 두 가지 움직임(표면의 파도와 보이지 않는 조류)을 구분하고 읽어내는 것은 선택이 아니라 생존의 문제다.

경제의 움직임은 크게 경기순환적 성장과 구조적 성장 두 가지로 나눌 수 있다. 경기순환적 성장은 표면의 파도처럼 비교적 예측이 가능하다. 금리, 재정정책, 소비자신뢰도와 같은 변수들이 이 움직임에 큰 영향을 미친다. 반면 구조적 성장은 수면 아래의 조류와 같다. 기술혁신, 인구구조 변화, 산업구조 재편과 같은 근본적 요인들이 경제의 흐름을 바꾼다.

경기순환적 성장은 경제가 일정한 주기를 따라 성장과 침체를 반복하는 것을 의미한다. 이 주기는 일반적으로 호황, 둔화, 불황, 회복의 4단계로 이루어진다. 경기순환적 성장은 주로 수요와 공급의 불균형, 통화정책, 투자와 소비변동 등 단기적 요인에 의해 발생한다. 금리, 재정정책, 소비자 및 기업신뢰도 등의 변화가 경제의 경기순환에 직접적인 영향을 미친다.

구조적 성장이란 경제의 장기적이고 근본적인 변화로 인해 발생하는 성장을 말한다. 산업구조 변화, 기술혁신, 생산성 향상 등이 포함된다. 구조적 성장은 점진적으로 진행되며, 경제 시스템의 구조를 바꾸는 장기적이고 지속적인 성장요인을 말한다. 인구고령화, 노동력 감소, 산업구조 재편 등이 구조적 성장의 핵심 요인으로 꼽힌다.

경기순환적 문제는 경제의 단기적 변화에서 비롯된다. 주로 외부 충격이나 수요변동으로 인해 발생하며, 경제가 자연적인 순환 과정을 겪는 것이다. 예를 들어, 고금리로 인해 소비와 투자가 감소할 경우 경기가 둔화되는 식이다. 이 경우 통화정책이나 재정정책으로 경기를 조절할 수 있다.

구조적 문제는 주로 장기적인 경제 변화에서 비롯된다. 이는 경기순환적 문제와 달리, 단기 정책으로는 해결하기 어려우며 근본적인 구조 개혁, 노동시장 개혁, 교육 투자, 기술 개발 등 장기적 정책이 필요하다.

표 18 **경기순환적 문제 vs. 구조적 문제**

특징	경기순환적 문제	구조적 문제
발생 원인	단기적인 수요변동, 통화 및 재정정책의 반응	산업구조 변화, 인구고령화, 생산성 저하, 기술적 변화 등 시스템적 요인
해결 방법	금리 조정, 정부지출 확대 등 단기 조치	노동시장 개혁, 교육 및 기술 투자 등 장기적 접근
지속 기간	비교적 짧은 기간 동안 발생하고 자연적인 경기회복에 의해 순환됨	장기적이고 구조적인 변화가 필요하며, 시간과 비용이 많이 소요됨
예시	금리상승으로 인한 소비 위축, 경기침체	고령화로 인한 경제 성장둔화, 특정 산업의 지속적인 쇠퇴
정책 한계	중앙은행과 정부의 정책 변화로 조정 가능	단기적 정책 변화로 해결이 어렵고 장기적 구조개선이 필요

투자의 궁극적 목표는 지속적인 현금흐름 창출이다. 이는 단순히 자산을 보유하는 것이 아니라, 경기 사이클의 변화에 따라 적절한 자산을 배분하여 안정적인 수익을 얻는 전략적 과정이다. 투자는 꾸준히 현금을 만들어내는 자산을 형성하는 과정이며, 자산배분은 이러한 자산들을 경기 사이클에 맞춰 안정적으로 배치하는 전략이다. 뛰어난 투자자는 어떤 사이클에서도 현금흐름을 만들어 낼 수 있는 자산을 보유한다.

조지 소로스, 레이 달리오, 하워드 막스, 스탠리 드러켄밀러 같은 월스트리트의 전설들은 금리변동을 투자전략의 중심에 두고 실행했다. 이들은 금리변동에 따른 경제와 시장의 영향을 분석하여 리스크를 관리하고, 적절한 시점에 자산을 배분하거나 역발상으로 시장을 이겨냈다.

예를 들어, 조지 소로스는 금융시장의 비효율성을 활용한 '반사적 예측' 이론을 기반으로 투자 결정을 내렸다. 그는 시장참여자들이 경제와 금리

변동에 어떻게 반응하는지를 분석했다. 소로스는 금리가 경제에 미치는 영향을 면밀히 분석하여, 금리가 과도하게 낮거나 높을 때 발생하는 경제적 비효율성을 파악했다. 이를 통해 금리변동에 맞춰 전략적으로 포지션을 조정했다. 대표적으로, 1992년 영국 파운드화 위기 당시, 그는 영국 중앙은행이 금리를 낮추는 과정에서 발생하는 시장의 불균형을 파악하고 파운드화 공매도를 통해 10억 달러 이상의 수익을 올렸다.

레이 달리오는 '경제 순환Economic Machine' 이론을 통해 경제와 금융시장의 사이클을 분석하고 이를 투자전략에 반영했다. 그는 경제가 일정한 패턴에 따라 주기적으로 성장하고 축소된다고 보았으며, 금리는 이러한 패턴에 중요한 영향을 미친다고 강조했다. 그는 브리지워터 어소시에이트의 헷지펀드를 운영하면서 금리변동과 중앙은행의 정책이 경제에 미치는 영향을 철저히 분석하고, 금리가 상승하거나 하락하는 시점에 맞춰 포트폴리오를 조정했다. 특히 금리인상기에는 채권을 경계하고, 금리인하기에는 안전자산으로써 채권을 매수하는 전략을 활용했다.

하워드 막스는 역발상 투자전략으로 유명하다. 그는 대중이 비이성적으로 낙관적이거나 비관적일 때 반대로 투자하는 방식을 채택했다. 금리는 그의 투자전략에서 중요한 요소로, 금리가 낮을 때 자산이 과열되고 있다고 판단되면 시장의 과열을 경계하며 리스크 관리에 집중했다. 그는 금리가 낮을 때 채권의 가격이 높아지지만, 이에 따른 리스크도 증가한다고 경고하면서 금리가 상승할 경우를 염두에 둔 포트폴리오 전략이 필요하다고 했다. 특히 금리인상기 금융시장의 불확실성이 증가할 때, 그는 시장의 위험을 분산시키는 방법으로 역발상 전략을 활용했다.

스탠리 드러켄밀러는 금리와 통화정책에 민감하게 반응하며, 중앙은행의 정책 변화가 경제에 미치는 영향을 분석했다. 그는 연준의 금리정책과 관련된 시장의 반응을 예측하고, 이를 바탕으로 대형 투자 결정을 내렸다. 드러켄밀러는 금리가 낮을 때 위험자산을 매입하고, 금리가 인상될 때 자산을 처분하는 방식으로 금리변동에 맞춘 전략을 펼쳤다. 그는 특히 1990년대 중반, 연준의 금리인상과 하락 사이클을 이용하여 시장을 이기는 전략을 수립했다.

이렇듯 월스트리트의 전설적 투자자들은 금리변동을 시장의 중요한 신호로 간주하며, 이를 바탕으로 투자전략을 세우고 자산을 배분했다. 그들은 경제주기를 읽고 금리의 움직임을 분석함으로써 리스크를 관리하고 시장의 변화를 예측했다. 이들의 전략은 단순히 금리가 오르거나 내리는 것에 반응하는 수준에 그치지 않고, 그 변화가 시장에 미치는 영향까지 포괄적으로 이해하는 데 중점을 두었다.

경기 사이클은 투자 성공의 열쇠이다. 월스트리트의 전설적 투자자들은 경기순환의 주기성을 이해하고 활용함으로써 시장에서 성공을 거두었다. 경기 사이클을 설명하는 대표적인 이론으로는 키친 사이클Kitchin Cycle과 주글러 사이클Juglar Cycle이 있다.

키친 사이클과 주글러 사이클은 각각 중기와 단기의 경제주기를 설명하며, 주요 경제지표를 통해 이들 사이클의 흐름을 파악할 수 있다는 장점이 있다. 이들 사이클의 흐름을 이해하면, 월스트리트의 전설적 투자자들처럼 경기주기를 진단하고 최적의 자산배분을 계획하여 시장을 앞서가는 전략을 구축할 수 있다.

표 19 주글러 사이클과 키친 사이클의 비교

특성	주글러 사이클	키친 사이클
주기 길이	7~11년	3~5년
원인	기업의 고정자본 투자	기업의 재고조정
주요 요소	설비투자, 생산성, 경기침체 및 회복	재고수준 변화, 단기 생산 조정
중요 지표	설비투자, GDP 성장률, 실업률	재고수준, 생산 및 판매지수, 소비지표

일반적인 마켓 사이클
확인 방법

경기확장기 확인 방법 ───────────────○

경기가 확장기로 접어들었다는 것을 언제, 어떻게 알 수 있을까? 경제는 복잡한 유기체와 같아서 그 건강 상태를 정확히 진단하기란 쉽지 않다. 따라서 경기확장기와 경기침체기를 명확히 구분하는 것은 사후적인 평가에 의존하는 경우가 많다. 하지만 주요 경제지표를 통해 경제의 움직임을 실시간으로 파악하고, 이를 바탕으로 앞으로의 방향성을 가늠하는 것은 투자자와 정책 입안자 모두에게 필수적인 작업이다.

경기확장기를 판단하기 위해서는 보통 경제학과 실무에서 널리 활용되는 대표적인 경제지표를 활용한다. 이들 지표에는 GDP 성장률, 실업률, 소비자 신뢰지수 등이 있으며 각국의 경제상황에 따라 다르게 적용될 수 있지만, 대체로 확장기와 침체기의 전환점을 이해하는 데 유용하다는 특징이 있다. 경기확장기는 경제가 성장하고 활발한 시기를 의미하며, 경기확장기 여부를 확인하는 정량적 지표는 다음과 같다.

> **[경기확장기]**
>
> 2% 이상 GDP 성장, 5% 이하 실업률, 소비자 신뢰지수 100 이상, 산업생산지수 2% 이상 증가, 구인배율 1.0 이상

- **GDP 성장률:** 일반적으로 실질 GDP가 전년 대비 2% 이상 증가하면 경기확장기의 신호로 해석된다. 다만 경제 규모가 작고 성장률 목표치가 높은 신흥국에서는 2%가 다소 부족할 수 있다. 예를 들어, 미국 같은 선진국에서 2% GDP 성장률은 경기확장기로 해석되지만, 신흥국에서는 4~5% 이상의 GDP 성장률이 되어야 경기확장기로 간주된다.

- **실업률 감소:** 미국의 경우, 약 4~5% 수준의 실업률을 완전고용으로 인식한다. 따라서 5% 이하의 실업률을 경기확장기의 신호로 해석하지만, 각국의 노동시장 특성에 따라 다를 수 있다.

- **소비자 신뢰지수:** 소비자 신뢰지수가 100 이상이면 소비심리가 긍정적이라는 의미이다. 다만 각국의 소비자 신뢰지수의 기준선이 다를 수 있다. 미국의 경우, 100이 넘으면 소비심리가 좋다고 평가하지만, 다른 나라에서는 100 미만도 긍정적인 수준으로 간주될 수 있다.

- **산업생산지수:** 산업생산지수는 제조업, 광업 등의 생산활동을 반영하며, 전년 대비 증가하는 경우 경기확장기로 평가될 수 있다. 그러나 경제 전반을 반영하는 것이 아닌 제조업 부문에 국한된 지표이기 때문에 경기확장기의 판단을 위해서는 다른 경제지표와 함께 사용해야 신뢰도가 높아진다.

- **구인배율:** 구인배율은 구직자 1명당 구인공고 수를 나타내며 1.0 이상이면 일자리가 더 많다는 것을 의미한다. 취업희망자보다 일자리가 더 많다는 것은 경기확장기의 대표적인 신호가 된다. 특히 일본과 같은 나라에서는 구인배율을 중요 지표로 삼는다. 하지만 국가별 고용환경이 다르다는 점을 고려해야 한다.

- **소비자 물가상승률:** 물가상승률이 2% 수준이면 인플레이션과 침체 모두를 피할 수 있는 균형성장 구간으로 해석된다. 따라서 중앙은행에서도 2%의 물가상승률을 목표로 하고 있지만, 일부 신흥국에서는 더 높은 물가상승률을 보여야 안정적인 경제성장이라 볼 수 있다.

- **ISM 제조업지수:** 제조업체 구매담당자가 느끼는 경기를 지수화한 것으로 현장성과 전문성을 가진다. 50 이상이면 제조업 경기가 개선 중이라는 의미이며, 경기확장기의 주요 신호로 사용된다. 특히 ISM 제조업지수는 기업의 심리와 주문 활동을 반영하기 때문에 선행지표로 유용하다.

경기침체기 판단 방법

경제는 한순간도 멈추지 않고 움직인다. 그리고 그 흐름이 항상 상승곡선을 그리는 것도 아니다. 경기침체는 경제가 멈칫하고, 후퇴하며, 불확실성이 짙어지는 시기를 뜻한다. 그렇다면 경기침체기에 접어들었다는 신호는 언제, 어디서 포착할 수 있을까?

경기침체는 GDP가 두 분기 연속적으로 감소할 때 공식적으로 발표된다. 하지만 투자자와 정책 입안자들은 공식 발표 이전에 선제적인 판단이 요구된다. 그보다 더 빨리 경기침체의 조짐을 읽고 재빠르게 행동하

기 위해 소비자 신뢰지수의 급락, 실업률의 상승, 산업생산 감소와 같은
경제지표를 주목할 필요가 있다.

> **[경기침체기]**
>
> 두 분기 연속 GDP 감소, 6% 이상 실업률, 소비자 신뢰지수 80 이하, 산업
> 생산 2개월 연속 감소, 주택판매 20% 이상 감소

- **GDP 감소:** 두 분기 연속으로 실질 GDP가 감소하면 대부분의 국가에서는 '기술적 침체'로 간주하고 공식 발표한다.
- **실업률 증가:** 실업률이 증가하는 것은 경제활동이 둔화되고 고용시장이 위축되고 있다는 증거이다. 특히 경기침체기에는 실업률이 6% 이상으로 상승하는 경향이 있다. 다만 각국의 경제 규모와 고용 구조에 따라 실업률의 기준이 달라질 수 있다. 일부 유럽 국가의 경우 8~10% 이상의 실업률을 경기침체의 신호로 간주한다.
- **소비자 신뢰지수:** 소비자 신뢰지수가 80 이하로 떨어진다는 것은 소비자들이 경제상황에 대해 부정적인 시각을 갖고 있음을 나타낸다. 소비자 신뢰지수의 하락은 소비지출의 감소로 이어지기 때문에 경기침체의 신호로 해석된다. 소비자 신뢰지수의 기준선은 각국의 경제 규모와 소비 행태에 따라 조정될 수 있다.
- **산업생산 감소:** 산업생산이 두 달 이상 감소하면 경기침체로 이어질 가능성이 높아진다. 산업생산은 경기변동을 빠르게 포착함으로 제조업 중심의 경제에서는 특히 유용한 지표이다.
- **주택판매 및 건설 감소:** 주택판매와 건설허가가 급격히 감소한다는 것은 가계소비 위축과 연관되어 경기침체의 신호로 해석된다. 다만 20% 이상

의 감소를 절대 기준으로 삼기보다는, 추세전환 여부와 결합해 판단해야 한다. 실제로 10~15% 수준의 감소도 경기둔화의 중요한 신호로 작용할 수 있기 때문이다.

· **장단기 금리 역전:** 장단기 국채의 금리가 역전될 경우 경기침체 가능성이 높다고 알려져 있다. 이 현상은 미국에서 특히 강력하게 적용되며, 과거 데이터에서도 경기침체와의 상관성이 확인되었다.

· **ISM 제조업지수:** 제조업체 구매담당자가 느끼는 경기가 50 이하로 떨어질 경우, 제조업 경기가 위축되고 있다는 신호로 해석할 수 있다. 제조업 경기는 경기침체기를 포착하는 주요 선행지표 중 하나로 인식된다.

표 20 경기확장기 및 경기침체기 판단 기준

금리 변화	경기확장기 판단 기준	경기침체기 판단 기준
실질 GDP성장률	GDP 성장률 연평균 2% 이상	GDP 두 분기 연속 감소
실업률	실업률 5% 이하 지속적 감소	실업률 6% 이상 상승
소비자 신뢰지수	100 이상	80 이하
산업생산지수	2% 이상 증가	2개월 이상 연속 감소
구인배율	1.0 이상	
소비자물가	1.5%~2.5%	
ISM 제조업지수	50 이상	50 이하
장단기 금리 역전	단기국채 금리 < 장기국채 금리	단기국채 금리 > 장기국채 금리

주글러 사이클

주글러 사이클이란?

주글러 사이클Juglar Cycle은 약 7~11년의 주기로 반복되는 투자 순환을 말한다. 주글러 사이클의 주요 원동력은 기업의 고정자본 투자로 설비투자가 경제에 미치는 영향을 중심으로 호황과 불황을 반복한다.

주글러 사이클에서는 설비투자, 생산성, GDP 성장률, 실업률을 통해 경기의 확장과 수축 국면을 예측할 수 있다. 특히 각 지표가 보여주는 장기적인 변화와 지표 간의 상관성을 종합적으로 분석하여 투자전략을 조정하는 것이 중요하다. 설비투자의 확대와 생산성의 확장이 나타날 때는 적극적인 투자전략을 고려하고, 반대로 GDP 성장률의 둔화와 실업률의 상승이 나타날 때는 포트폴리오를 방어적으로 전환하여 경기순환 리스크에 대비하는 것이 핵심이다.

표 21 금리와 주글러 사이클 체크리스트

금리 사이클	주글러 사이클	체크리스트
금리인상기	· 호황, 회복	· 금리인상 속도 · 신규 설비투자율 · 고정자산 투자지표
금리안정기	· 정점, 회복	· 금리 안정성 확인 · 설비가동률 확인 · 기업 자본지출 증가율
금리인하기	· 정점, 침체	· 금리인하 시점 확인 · 설비투자 지표 추적 · 생산성 증가율 확인

주글러 사이클과 금리의 관계 ──────────── ○

금리는 설비투자와 경기 전반에 직접적인 영향을 미친다. 중앙은행이 기준금리를 인상하기 시작하면 대출금리도 오르기 때문에 기업들은 새로운 설비투자를 주저하게 된다. 반면 기준금리를 인하하기 시작하면 기업들은 설비투자를 다시 확대할 준비를 시작한다. 특히 설비투자와 금리변동에 민감한 업종(기술주, 산업재 등)의 비중이 큰 경제구조일수록 금리와 주글러 사이클의 상관관계는 밀접해진다.

다만 주글러 사이클은 7~11년이라는 중기적 순환 주기를 가지므로 금리와 설비투자 지표의 시차를 이해하며 경기변동을 파악하는 것이 중요하다. 기준금리의 변동 시점과 설비투자 지표를 함께 추적하여 생산성이 상승하는지, 자본지출이 증가하는지, 고정자산 투자지표가 개선되는지를 확인하면서 판단하면 경기변동을 효과적으로 이해할 수 있다.

1단계 호황(Expansion): 기업의 설비투자가 활발해지고 생산이 증가한다. 금리는 천천히 인상을 준비한다.

· 경기가 확장 국면에 들어서면, 중앙은행은 경기과열을 방지하고 인플레이션을 억제하기 위해 금리인상을 검토하기 시작한다. 이 시기에는 기업들이 경제성장에 대한 긍정적인 전망에 따라 설비투자를 확대하며, 소비자들도 낮은 차입비용에 힘입어 지출을 늘린다.

· 금리가 낮은 수준에서 점차 인상하기 시작하면, 경기확장이 지속될 가능성이 높다는 신호로 볼 수 있다. 기업의 설비투자 증가, 생산성 확대가 동반되는 경우 경기확장기의 시작으로 판단할 수 있다.

· 금리인상 초기에는 여전히 기업의 차입비용이 상대적으로 낮기 때문에 경기민감 업종(기술주, 산업재 등)과 성장형 자산에 대한 투자를 확대할 수 있는 기회이다. 하지만 금리인상이 빠르게 진행될 경우 경기과열 우려가 증가할 수 있으므로 금리인상의 속도를 주의 깊게 모니터링해야 한다.

2단계 정점(Peak): 설비 과잉으로 인해 투자가 감소하기 시작한다. 금리는 고점에 근접한다.

· 경기가 성숙기에 접어들면서 금리는 고점에 도달하고, 중앙은행은 경기가 과열되지 않도록 기준금리를 높게 유지하려는 경향이 있다. 기업들은 차입비용의 증가로 부담을 느끼기 시작하고 설비투자가 더디게 증가하거나 둔화되기 시작한다.

- 금리가 고점에 도달하여 한동안 유지될 경우, 설비투자와 같은 자본지출이 둔화될 가능성이 높다. 또한 GDP 성장률도 정점을 찍고, 생산성 증가율도 둔화되면서 경기침체의 위험을 시사하는 신호를 보낸다.

- 금리가 고점에 근접하면 포트폴리오를 방어적으로 전환할 필요가 있다. 성장주 대신 가치주에 관심을 기울이고, 자본지출의 감소를 고려해 고정비용의 부담이 적은 기업에 투자하는 전략이 유리하다. 경기에 덜 민감한 헬스케어, 필수소비재의 비중을 늘려 리스크를 줄여야 한다.

3단계 침체(Contraction): 과잉 설비로 인해 투자와 생산이 줄어들고 경기가 침체에 빠진다. 금리는 빠르게 인하된다.

- 경기침체기에 접어들면 중앙은행은 경제활동을 부양하기 위해 금리를 인하하기 시작한다. 하지만 금리인하가 시작되는 초기에는 설비투자나 생산성의 증가로 바로 이어지기보다는 경기가 하강하는 리스크가 지속되는 경우가 많다.

- 금리인하가 시작되었지만 실업률이 계속 상승하는 상황은 경기수축의 신호로 해석할 수 있다. 이 시기에는 기업들이 설비투자 계획을 취소하거나 축소하며, 소비자들의 소비활동이 위축될 수 있다.

- 금리인하 초기에는 포트폴리오의 방어적 포지션을 유지하고, 주식보다는 채권 등 안전자산의 비중을 늘려 경기침체 대비해야 한다. 장기적으로는 금리인하가 경기회복으로 이어질 가능성을 염두에 두고, 금리인하 후반부에 반등할 업종과 기업을 선별하여 관심을 기울여야 한다.

4단계 회복(Recovery): 과잉 설비가 청산되면 경제가 다시 회복되며 새로운 투자 사이클이 시작된다. 금리는 저점에서 서서히 상승 전환한다.

· 경기가 저점에서 반등 조짐이 보이면 중앙은행은 경기과열을 방지하기 위해 금리를 다시 천천히 인상할 가능성이 있다. 금리인상은 아직 초기 단계이기 때문에 기업들은 회복된 경제환경에 맞춰 설비투자와 생산성을 확대하기 시작한다.

· 금리가 저점에서 상승하기 시작하면 경제활동이 다시 회복되고, 특히 설비투자와 고용이 증가하는 신호가 나타날 수 있다. 실업률이 낮아지고 GDP 성장률이 다시 상승할 때는 경기회복의 가능성이 크다.

· 금리가 저점에서 상승하기 시작할 때는 경기회복이 예상되는 업종(산업재, 금융주, 기술주)에 대한 투자를 고려해야 한다. 금리상승기 초기에는 경기회복에 맞춰 포트폴리오를 중립적에서 공격적으로 전환하며, 경기순환주의 상승 가능성을 활용하는 전략이 유리하다.

표 22 주글러 사이클과 주요 경제지표 흐름 종합

	호황	정점	침체	회복
고정자본 형성	증가	증가 후 둔화	감소	증가
설비투자율	증가	증가 후 둔화	급감	회복
설비가동률	높음	정점	낮음	회복
산업생산지수	증가	정점 후 둔화	감소	회복
제조업활동지수	증가	정점 후 둔화	감소	회복
총요소생산성(TFP)	증가	정점 후 둔화	감소	회복
실질 GDP 성장률	증가	둔화	감소	회복
1인당 GDP 성장률	증가	둔화	감소	회복

계절조정 GDP	증가	둔화	감소	회복
실업률	하락	정점 후 상승	상승	회복
청년 실업률	하락	정점 후 상승	상승	회복
비자발적 실업률	하락	정점 후 상승	상승	회복
고용참여율	증가	정점 후 둔화	감소	회복

경제지표로 주글러 사이클 확인하는 방법 ───────────○

네 가지 경제지표를 활용하면 주글러 사이클을 파악하고 중기적인 투자 전략을 구축하는데 도움이 된다. 또한 이를 통해 장기적인 시장의 움직임을 예측할 수 있다.

설비투자 지표: 고정자본 형성과 설비투자 증감률

설비투자 지표는 기업의 중장기적 성장 기대를 반영한다. 설비투자가 증가하면 경기확장이 지속될 가능성이 높다. 설비투자와 관련하여 주목할 세부 경제지표로는 고정자본 형성, 설비투자율, 설비가동률 등이 있다.

판단 기준과 신호

· **설비투자 증가:** 설비투자가 증가하는 것은 기업들이 생산 능력을 확장하려는 의도를 갖기 때문으로 경기확장기의 신호로 해석한다.

· **설비투자 감소:** 설비투자가 감소하는 것은 기업들이 미래수요에 대해 신중하게 판단하고 있다는 증거로 경기둔화 또는 경기수축의 신호로 해석한다.

활용 방법

· 설비투자가 증가하는 국면에서는 관련 산업(건설, 기계, 기술, 인프라)
에 대한 투자를 확대할 기회가 될 수 있다.

· 설비투자가 감소 추세로 접어들면, 방어적인 포트폴리오로 전환하고
경기민감도가 낮은 산업으로 비중을 조정하는 것이 유리하다.

표 23 주글러 사이클 확인법 : 설비투자

	호황	정점	침체	회복
고정자본 형성	증가	증가 후 둔화	감소	증가
설비투자율	증가	증가 후 둔화	급감	회복
설비가동률	높음	정점	낮음	회복

생산성 지표: 산업생산과 제조업 활동 수준

생산성 지표는 경기순환에서 확장과 축소의 방향성을 파악하는 데 핵심
역할을 한다. 기업들의 생산활동과 경제의 전반적인 건강 상태를 반영하
는 경제지표로, 이를 활용하면 경기의 방향성과 기업의 성장 가능성을
평가하는 데 유용하다. 생산성과 관련하여 주목할 세부 경제지표로는 산
업생산지수, 제조업활동지수, 총요소생산성^{TFP} 등이 있다.

판단 기준과 신호

· **생산성 확장**: 산업생산지수와 제조업 활동이 활발히 증가하는 것은 경
기확장의 신호로 기업들이 고용과 투자를 확대할 가능성이 있다.

· **생산성 축소**: 생산성이 둔화되거나 하락할 경우, 기업들이 성장동력을
상실하고 있다는 신호이며 경기후퇴의 가능성이 높아진다.

활용 방법

· 산업생산지수와 제조업 활동이 상승하는 시기에는 성장업종에 집중하는 공격적인 투자전략이 유리하다.

· 생산성 둔화가 감지되면 경기변동에 둔감한 업종에 대한 포트폴리오 비중을 높이고, 경기둔화 가능성에 대비해야 한다.

표 24 주글러 사이클 확인법: 생산성 지표

	호황	정점	침체	회복
산업생산지수	증가	정점 후 둔화	감소	회복
제조업활동지수	증가	정점 후 둔화	감소	회복
총요소생산성(TFP)	증가	정점 후 둔화	감소	회복

GDP 성장률: 경제 전체 성장 추세와 경기 국면 파악

GDP는 경제 전반의 체력을 나타내는 대표 지표이며, 경기순환 국면을 구분하는 핵심 기준으로 활용된다. GDP와 관련하여 주목할 세부 경제 지표로는 실질 GDP 성장률, 1인당 GDP 성장률, 계절조정 GDP 등이 있다.

판단 기준과 신호

· **GDP 성장률 증가:** GDP 성장률이 안정적으로 증가하는 것은 경기확장기를 나타내며, 기업과 소비자의 투자 및 소비가 활발함을 시사한다.

· **GDP 성장률 감소:** GDP 성장률이 둔화되거나 마이너스로 전환되면 경기후퇴 또는 경기침체 국면의 가능성을 시사한다.

활용 방법

· GDP 성장률이 상승할 때는 경기에 민감한 업종(기술주, 소비재, 금융주 등)에 대한 투자 비중을 늘리는 투자전략이 유효하다.

· GDP 성장률이 감소 추세로 접어들면, 경기방어적 포트폴리오(필수소비재, 헬스케어 등)로 재편하여 경기둔화 리스크를 줄인다.

· 단, GDP는 후행성도 있으므로 동행·선행지표와 함께 해석해야 한다.

표 25 주글러 사이클 확인법: GDP 성장률

	호황	정점	침체	회복
실질GDP 성장률	증가	둔화	감소	회복
1인당 GDP 성장률	증가	둔화	감소	회복
계절조정 GDP	증가	둔화	감소	회복

실업률: 경기둔화와 회복 여부 판단

실업률은 경기침체와 회복의 후행지표로써 경기국면 전환 시기의 강력한 신호로 작용한다. 실업률은 경제활동인구 중 일을 하지 않는 비율을 나타내는 것으로 호황기에는 실업률이 하락하고 경기 정점에 다시 상승을 시작하며, 침체기에는 실업률이 증가하고 회복기에는 실업률이 다시 낮아지는 경향이 있다. 실업률과 관련하여 주목할 세부 경제지표로는 청년 실업률, 비자발적 실업률, 고용참여율 등이 있다.

판단 기준과 신호

· **실업률 하락:** 실업률이 낮아지는 것은 경기확장기 신호로 기업들이 고

용을 늘리고 있다는 점에서 경제성장세가 이어지고 있음을 시사한다.

· **실업률 상승:** 실업률 상승은 경기침체 진입 가능성을 나타내며, 기업의 고용축소와 소비둔화를 동반한다.

활용 방법

· 실업률이 하락할 때는 소비와 내수 중심 업종에 대한 투자가 유리하며, 경기상승 초기 국면에서 적극적인 투자 기회를 모색한다.

· 실업률이 상승할 때는 경기방어적 자산으로의 전환과 함께 리스크를 줄이고 경기 저점을 기다리며 투자 시기를 조절해야 한다.

표 26 주글러 사이클: 실업률 지표

	호황	정점	침체	회복
실업률	하락	정점 후 상승	상승	회복
청년 실업률	하락	정점 후 상승	상승	회복
비자발적 실업률	하락	정점 후 상승	상승	회복
고용참여율	증가	정점 후 둔화	감소	회복

키친 사이클

키친 사이클이란?

키친 사이클Kitchin Cycle은 약 3~5년의 주기로 반복되는 재고 수준의 순환을 말한다. 키친 사이클은 기업의 재고 변화를 중심으로 단기적인 경기변동을 설명한다. 특히, 재고 조정이 기업의 생산계획과 경기흐름에 미치는 영향을 중심으로 분석한다.

금리는 키친 사이클을 구분할 때 매우 중요한 신호로 작용되는데, 금리가 재고 조정과 생산활동에 영향을 미치는 주요 요소이기 때문이다.

표 27 **키친 사이클: 체크리스트**

금리사이클	키친 사이클	체크리스트
금리인상기	· 호황, 회복	· 재고 수준 확인 · 소매판매 및 소비자 수요 변화 추적 · 기업의 생산 계획 변화

금리안정기	・정점, 회복	・재고/출하 비율 안정성 점검
		・생산 및 소매판매 지표 점검
		・소비자 심리와 수요 회복
금리인하기	・정점, 침체	・재고 수준 변화 관찰
		・소매판매와 소비지출 회복 확인
		・제조업 생산활동 증가

키친 사이클과 금리의 관계 ──────────────────── ○

금리는 기업의 재고 관리, 소비자 수요변동에 따른 경기조정에 직접적인 역할을 한다. 따라서 키친 사이클을 분석할 때는 금리 변화에 따른 재고 관리 및 소비지표의 움직임을 주요 신호로 삼아야 한다. 특히 키친 사이클의 주기는 3~5년으로 짧기 때문에 금리인상 및 금리인하 초기의 반응을 주기적으로 확인하여 기업의 재고와 생산 조정 상황을 빠르게 파악해야 한다.

1단계 호황(Expansion): 수요가 증가하고 재고가 줄어들면, 기업들은 생산을 늘리며 경제가 확장된다. 이 과정에서 금리인상 사이클이 시작된다.

・경기확장 국면에서 중앙은행은 종종 금리를 인상하여 과열을 방지하고 인플레이션을 억제하려 한다. 금리인상은 차입비용을 증가시켜 기업들이 추가적인 재고를 쌓거나 투자를 확대하는 데 신중하게 만든다.

・금리가 점진적으로 상승하는 상황에서 기업들은 재고 축적을 줄이기 시작하고, 생산활동이 점차 둔화될 수 있다. 높은 금리는 소비자와 기업의 대출비용을 증가시켜 소비와 투자를 둔화시키고, 이는 재고 과잉과 경기후퇴 신호로 이어질 수 있다.

- 이렇듯 금리인상기에는 기업 재고가 급증할 가능성이 있으므로, 제조업과 소매업의 재고/출하 비율을 주기적으로 점검해야 한다.

- 금리인상 시점에 기업이 생산량을 줄이는 추세가 나타나는지 확인하여 경기하락의 조짐을 포착한다. 여기에 소비까지 줄어들면 금리인상 영향으로 경기둔화 신호가 더 뚜렷해진다.

2단계 정점(Peak): 재고가 충분히 쌓이면 기업은 더 이상 재고를 채우지 않으려고 하며, 생산 증가가 둔화된다. 금리는 고점 유지 또는 인하 신호가 형성된다.

- 금리가 고점에 도달하거나 완만한 인하가 시작되는 시점에서 경기둔화가 본격화되기 시작한다. 금리가 높게 유지되면 기업의 차입 부담이 커지고, 생산과 재고 관리가 더욱 보수적으로 이루어진다.

- 금리가 고점에 머물거나 하락할 때 기업들은 생산 축소와 재고 감소에 집중하며, 이 과정에서 소비위축 신호가 더해진다면 경기후퇴 위험이 증가할 수 있다. 금리인하가 시작될 경우 경기둔화가 이미 진행 중이라는 신호로 볼 수 있으며, 이는 재고 감소 국면과 맞물려 나타난다.

- 금리가 고점에서 일정하게 유지될 경우, 기업들은 재고와 생산을 점진적으로 조정할 준비를 한다. 그 결과 재고/출하 비율이 안정되거나 회복되는 경향이 있다. 금리가 높아도 생산량과 소매판매가 안정세를 보이면 정점은 상당 기간 지속된다. 다만 소비심리가 둔화되거나 소비와 재고의 균형이 무너질 경우, 경기는 침체로 넘어간다.

3단계 침체(Contraction): 수요가 줄고 재고가 과잉 상태에 도달하면 기업들은 재고를 줄이기 위해 생산을 감소시켜 경기침체가 발생한다. 금리인하가 지속되고 저점에서 유지된다.

· 금리인하가 본격화되면서 경기둔화가 고조되는 국면이다. 중앙은행은 경제활동을 회복시키기 위해 금리를 낮춰 유동성을 공급하지만, 수요 회복에는 시간이 걸린다. 금리 저점에서 기업들은 여전히 재고를 축소 하며 신중한 경영을 유지한다.

· 금리인하와 저점 유지 시기는 통상적으로 경기 저점과 맞물릴 가능성 이 크다. 기업들이 재고를 충분히 줄인 후 경제활동의 회복을 준비하 는 시기이다. 금리 저점에서 경기반등 가능성을 주시하며, 선도적인 경기회복 신호(예: 소비지표 개선, 재고 회복)를 관찰할 필요가 있다.

· 금리가 인하되면 기업들은 자금조달이 용이해진다. 다만 재고를 늘리 기에 앞서 소매 판매와 소비지출 회복이 먼저 확인되어야 한다. 수요 가 확인되면 기업들은 낮은 금리로 비용을 조달하여 생산활동을 늘리 고 재고를 쌓아 경기확장기를 대비하지만, 수요가 회복되지 않으면 상 당 기간 침체 국면에 머무르게 된다.

4단계 회복(Recovery): 재고가 조정되면 기업들은 다시 생산을 늘리며 경제가 회복된다. 금리는 저점에서 상승으로 전환된다.

· 금리가 저점에서 다시 상승하기 시작하면 경기회복 신호로 해석할 수 있다. 이는 중앙은행이 경기과열을 방지하고자 유동성을 조절하기 시 작하는 단계이다. 금리가 상승함에 따라 기업들은 다시 재고를 축적하

고 생산을 확대하는 경향이 있다.

· 금리가 저점에서 상승할 때 경기회복이 본격화되며, 재고가 다시 쌓이
는 초기 신호가 나타난다. 이는 재고 축적이 확대되고 소비와 투자가
활성화될 가능성을 시사한다.

· 낮은 금리를 바탕으로 소비가 회복되고 소매판매가 늘어나기 시작하
면 기업들은 제조업 생산활동을 증가시킨다. 또한 경기확장 신호를 파
악하며 재고를 확대하기 시작한다.

표 28 키친 사이클과 주요 경제지표 흐름 종합

	호황	정점	침체	회복
제조업 재고/출하 비율	낮음	증가	급증	감소
소매업 재고/출하 비율	낮음	증가	급증	감소
산업생산지수	증가	정점 후 둔화	감소	증가
도매판매지수	증가	정점 후 둔화	감소	증가
소매판매지수	증가	정점 후 둔화	감소	증가
개인소비지출	증가	정점 후 둔화	감소	증가
소비자 신뢰지수	증가	정점 후 둔화	감소	증가
제조업 PMI	50 이상	50 이하	50 이하	50 이상
서비스업 PMI	50 이상	50 이하	50 이하	50 이상

경제지표로 키친 사이클 확인하는 방법 ————————————————○

키친 사이클은 재고와 생산 조정이 필요한 시기를 예측하여 주식과 채
권 등의 투자를 결정하는데 활용할 수 있다. 다음 네 가지 경제지표를
활용하여 키친 사이클을 파악하면 단기적인 투자전략을 수립하는 데 도
움이 된다.

재고지표: 기업의 재고 수준 및 변화율

재고지표는 경기순환의 중요한 초기 신호이다. 재고가 급격히 증가하거나 감소하는 구간을 주의 깊게 관찰하는 것이 필요하다. 제조업 재고/출하 비율은 제조업체들이 생산한 제품을 얼마나 빨리 출하하는지를 나타내며, 재고 수준을 측정하는 중요한 지표이다. 세부 경제지표로는 제조업 재고/출하 비율, 소매업 재고/출하 비율 등이 있다.

판단 기준과 신호

· **재고 증가:** 재고가 증가하면 기업들이 생산을 줄일 가능성이 높아지며, 이는 곧 경기후퇴의 신호일 수 있다. 이는 제품이 수요보다 많이 생산되고 있어 경기하강 위험이 커진다는 뜻이다.

· **재고 감소:** 반대로 재고가 줄어든다는 것은 수요가 증가하고 경기회복의 가능성이 있다는 신호가 된다. 특히 재고/출하 비율이 낮아지면 생산확대를 통해 재고를 보충할 필요가 생기며, 경제활동의 활발함을 시사한다.

활용 방법

· 월별 재고/출하 비율을 추적하며, 재고 비율이 급격히 변할 경우 기업의 생산 및 소비 조정 신호로 인식한다.

· 판매가 회복되었는데 생산이 지연된다면, 재고 부족으로 생산확대 및 경기회복 신호로 볼 수 있다.

・제조업과 소매업의 재고 변화를 함께 보되, 특정 산업군(자동차, 가전 등)의 재고변동을 주목하여 투자 결정을 고려할 수 있다.

표 29 키친 사이클: 재고지표

	호황	정점	침체	회복
제조업 재고/출하비율	낮음	증가	급증	감소
소매업 재고/출하 비율	낮음	증가	급증	감소

생산 및 판매지표: 산업생산지수와 판매지수

생산 및 판매지표는 경기의 방향성을 구체적으로 확인할 수 있는 중요한 지표이다. 판매의 증가나 감소가 빠르게 나타나는 구간에서 투자 의사결정을 조정할 수 있다. 세부 경제지표로는 산업생산지수IP Index, 도매판매지수, 소매판매지수 등이 있다.

판단 기준과 신호

・**생산지수 하락:** 생산지수가 하락할 경우 경기하락의 초기 신호로 볼 수 있다. 이는 생산활동이 축소되기 시작하면서 경기둔화가 예상된다는 의미이다.

・**판매지수 상승:** 판매지수가 상승하지만 생산이 이에 미치지 못하면 재고 부족으로 이어질 수 있으며, 이는 향후 생산 확대의 신호가 될 수 있다.

활용 방법

・매월 산업생산지수 및 판매지수를 통해 기업의 생산 변화 흐름을 체크하여 경기변동에 대비할 수 있다.

· 특정 업종의 생산과 판매지표를 연계해 분석하여 해당 산업군에 대한 투자 판단을 구체화한다.

표 30 키친 사이클: 산업생산지수

	호황	정점	침체	회복
산업생산지수	증가	정점 후 둔화	감소	증가
도매판매지수	증가	정점 후 둔화	감소	증가
소매판매지수	증가	정점 후 둔화	감소	증가

소비지표: 소비자 수요 변화

소비지표는 경기의 강도와 방향성을 예측하는 데 중요한 역할을 한다. 소비가 하락하면 기업의 매출 감소, 나아가 재고 축적 속도의 둔화로 이어지므로 경기둔화 위험이 커진다. 세부 경제지표로는 소매판매지수, 개인소비지출PCE, 소비자 신뢰지수 등이 있다.

판단 기준과 신호

· **소비지표 증가:** 소비가 꾸준히 증가하면 기업은 재고를 보충하기 위해 생산을 확대할 가능성이 높아진다. 이는 경기확장 국면에서 발생할 수 있는 신호이다.

· **소비지표 감소:** 소비 감소는 경기둔화의 신호로 해석되며, 이는 기업이 재고 축적 속도를 낮추고 생산 감소로 이어질 수 있다는 의미가 된다.

활용 방법

· 소매판매지수와 개인소비지출을 매월 점검하며 소비자 수요의 추이

를 관찰한다.

· 소비둔화가 뚜렷해질 경우, 포트폴리오를 방어적으로 조정하고 경기민
감 산업에 대한 투자 비중을 축소하는 전략이 필요하다.

표 31 키친 사이클 : 소비지표

	호황	정점	침체	회복
소매판매지수	증가	정점 후 둔화	감소	증가
개인소비지출	증가	정점 후 둔화	감소	증가
소비자 신뢰지수	증가	정점 후 둔화	감소	증가

구매관리자지수: 기업의 생산 준비

구매관리자지수PMI는 경기순환의 중요한 선행지표로서, 경제가 확장 국
면에 있는지 축소 국면에 있는지를 빠르게 파악하는 데 유용하다. 세부
경제지표로는 제조업 PMI, 서비스업 PMI 등이 있다.

판단 기준과 신호

· **PMI 50 이상**: PMI가 50 이상이면 경기가 확장 국면에 있으며, 기업들
이 생산 확대에 대비하고 있음을 의미한다.

· **PMI 50 이하**: PMI가 50 이하로 하락하면 경기둔화 신호로 해석되며,
기업들이 생산 축소를 준비 중이라는 뜻이다.

활용 방법

· PMI가 3개월 연속 50 이하로 하락할 경우 경기둔화가 현실화될 가능
성이 높아지므로, 이 시점에는 방어적인 포지션 전환이 필요하다.

· PMI가 50 이상을 회복하고 3개월 이상 유지할 경우 경기회복 가능성

을 염두에 두고 투자전략을 공격적으로 조정할 수 있다.

표 32 키친 사이클: 구매관리자지수

	호황	정점	침체	회복
제조업 PMI	50 이상	50 이하	50 이하	50 이상
서비스업 PMI	50 이상	50 이하	50 이하	50 이상

7

증시의 사계절과
포트폴리오 전략

금리를 알면
돈이 보인다

증시의 사계절은 경기순환과 투자심리의 결합된 형태로, 시장의 흐름을 계절처럼 구분해 이해하는 방식이다. 증시의 사계절은 경제의 펀더멘털과 인간의 심리가 함께 작용하여 경기와 자산가격의 변동 주기를 형성한다. 따라서 증시의 사계절이 변화하는 과정에서 금리와 실적의 관계를 이해하면 각 계절에 맞는 투자전략을 구축하는데 큰 도움이 된다.

지금까지 이 책을 읽은 독자라면 금리가 단순한 숫자나 경제지표가 아니라는 것에 공감할 것이다. 금리는 경제와 시장의 심장박동 같으며 모든 자산에 파장을 전달하는 리듬이다. 금리가 오르고 내릴 때, 경제활동은 사계절처럼 확장과 둔화, 침체와 회복의 단계를 거친다. 이 계절의 변화는 주식, 채권, 원자재 등 다양한 자산의 가치를 흔들며 투자환경을 재구성한다. 금리는 투자자에게 시장의 방향을 알려주는 나침반이며, 시장의 변화를 미리 감지할 수 있는 가장 강력한 도구이다.

최근 몇 년간 금리가 급격히 상승하며 금융시장은 큰 혼란을 겪었다. 그러나 이러한 변동 속에서도 금리를 정확하게 이해한 투자자들은 경기의 흐름에 맞춰 포트폴리오를 유연하게 조정하며 기회를 포착했다. 예컨대 금리가 상승하는 확장기에는 경기민감주와 원자재가 유망한 투자처로 부각된다. 반면 둔화기에는 방어적인 자산군과 현금 비중을 늘리며 리스크 관리가 필요하다. 이처럼 금리의 리듬을 이해하고 활용하는 것은 성공적인 투자전략의 필수 조건이다.

금리 변화는 경제의 계절적 패턴과 밀접하게 연관되어 있다. 경제가 여름(확장기), 가을(둔화기), 겨울(침체기), 봄(회복기)의 과정을 반복하며 진화하듯, 금리는 각 계절마다 독특한 투자기회를 제공한다. 예를 들어, 금리가 하락하는 겨울과 봄에는 채권과 방어적인 자산이 빛을 발한다. 이후 경기가 회복되며 투자자들은 성장주와 원자재로 눈을 돌릴 수 있다. 이런 계절적 흐름을 이해하는 투자자는 금리 변화에 대응하는 데 그치지 않고, 한 발 앞서 시장을 선도할 수 있다.

이번 챕터에서는 증시의 사계절과 금리의 상관관계를 분석하고, 금리 변화에 따른 자산배분 전략을 구체적으로 제시한다. 금리가 상승하는 여름과 가을에는 어떤 포트폴리오가 유리하며, 하락하는 겨울과 봄에는 무엇을 준비해야 하는지 살펴본다. 이를 통해 독자들은 금리를 활용하여 시장을 이기는 투자전략을 수립할 수 있는 실질적인 지침을 얻게 될 것이다.

금리는 시장을 움직이는 가장 강력한 힘이다. 이 힘을 이해하고 투자에 활용하는 것은 단순히 변동성에 적응하는 것을 넘어, 시장의 계절적 변화 속에서 새로운 기회를 찾아내는 길이다. 금리의 리듬에 따라 시장의 계절에 맞는 전략을 설계하며 포트폴리오를 구성해보자.

표 33 마켓 사이클과 경기 특징

계절	주글러 사이클	달걀 이론	시간	심리	경기특징
봄	회복	금리 저점	새벽 6시	탐욕	재고 소진/경기 상승/원자재 가격 상승/ 건설경기 상승
		A1	8시		재고 소진/판매자 우위/해외투자 증가/ 건설경기 붐/중앙은행 간 자금 이동
			10시		판매자 우위 지속/높은 수요/돈이 마구 돌기 시작/ 대출이 점점 쉬워짐
여름	호황	A2	낮 12시		높은 수요 지속/경기 최고점/부동산 가격 상승/ 경기 호황의 정점
			2시		높은 수요 지속/이자율 상승/꾸준한 성장과 인플레이션 상승
		A3	4시	두려움	수요와 공급의 균형/이자율 상승/주식 하락/ 시장 비관론 등장
가을	정점	금리 정점	오후 6시		수요와 공급의 균형/경기 하락/원자재 가격 하락/ 건설경기 후퇴
		B1	8시		구매자 우위로 전환/해외투자 감소/중앙은행 간 자금 이동
			10시		구매자 우위 지속/돈줄 막히기 시작/신용대출 감소/ 자산 압류 및 중소기업 도산 증가
겨울	침체	B2	밤 12시		초과 공급/경기 최저점/부동산 가격 하락/ 자산가치 감소
			2시	우유 부단	이자율 하락/경기회복 조짐/현금 유동성 증가 및 은행 대출 개선
		B3	4시		주식시장 상승/수익증가 및 시장 낙관론 등장/ 신용대출 쉬워짐

표 34 마켓 사이클별 환율, 금리, 주가의 특징

지표	봄		여름	가을		겨울
환율	약세	강세	강세	강세	약세	약세
기준금리	하락	상승	상승	상승	하락	하락
장기금리	상승	상승	상승	하락	하락	하락
수익률곡선	확대	확대	확대	축소	축소	축소
회사채 스프레드	축소	축소	축소	축소	확대	확대
장단기 스프레드	확대	확대	확대	축소	축소	축소
주가	상승	상승	상승	하락	하락	하락
포트폴리오	경기민감주, 성장주, 원자재(에너지)			경기방어주, 장기국채, 현금성 자산		

금리상승기:
위험 관리와 성장 전략

금리상승기는 경제와 시장의 계절적 변화가 명확하다. 이 시기는 여름 (확장기)과 가을(둔화기)로 나뉘며, 각 단계에서 투자전략의 초점도 달라지게 된다.

금리상승기의 여름, 즉 확장기에는 경제가 고도성장 국면에 진입하며 고용시장이 강세를 보이고 신뢰지표가 개선된다. 이 시기에는 인플레이션 압력이 상승하며 중앙은행은 금리인상 기조를 유지하지만 경제성장은 계속된다. 주식시장은 경기민감주를 중심으로 강세를 보이지만 변동성이 높아지므로 리스크 관리가 필요하다. 채권시장은 금리상승으로 채권 가격이 하락하지만 물가연동채는 인플레이션을 방어하는데 효과적이다.

여름(확장기)의 포트폴리오 전략으로는 경기민감주와 성장주, 원자재와 에너지 자산에 집중하고 인플레이션 헷지 자산을 활용해야 한다. 수익을 실현한 후에는 현금이나 저변동성 자산으로 일부 자금을 전환하는 리밸런싱이 필요하다.

금리상승기의 가을, 즉 둔화기로 접어들면 소비자 심리는 둔화되고 소비도 감소하며 인플레이션이 안정된다. 통화정책은 금리인하를 검토하는 국면으로 전환된다. 주식시장은 경기방어적 섹터인 필수소비재, 헬스케어, 유틸리티가 강세를 보이고, 현금 비중을 늘리는 것이 안전하다. 채권시장은 장기채권 투자가 유리하며, 국채가 회사채보다 선호되면서 신용위험이 확대된다.

가을(둔화기)의 포트폴리오 전략으로는 필수소비재와 헬스케어 같은 방어적 주식의 비중을 늘리고, 장기채권과 투자등급 회사채로 안정성을 확보하며, 금과 같은 실물자산을 활용하여 포트폴리오의 위험을 분산시키는 것이 효과적이다. 이 단계에서는 주식 비중을 줄이고 방어적 자산으로 전환하여 안정성을 높이는 리밸런싱이 필요하다.

금리상승기의 계절적 특성을 이해하고 이에 맞는 투자전략을 실행하는 것은 경제와 시장의 변화 속에서 수익과 안정성을 동시에 추구하는데 필수적이다.

표 35 금리상승기 특징 요약

	금리상승기	
	여름(확장기)	가을(둔화기)
경기	· 고도성장 · 고용시장 강세 · 신뢰지표 개선 · 인플레이션 압력 상승	· 소비자 심리 둔화 · 소비 둔화 · 인플레이션 안정
통화정책	· 금리인상 기조 전환 · 경제성장 지속	· 금리인하 검토

여름: 성장과 리스크 관리를 병행 ──────── ○

여름은 경기확장이 최고조에 달하는 시기로 주요 경제지표와 금융시장이 활발하게 움직이는 특징이 있다. 이 시기에는 강력한 성장 기회와 함께 시장변동성이 커질 수 있으므로 투자자들은 리스크 관리와 성장 기회를 동시에 고려한 투자전략을 세워야 한다.

확장기에는 성장주와 경기민감주가 두드러진 성과를 보이며, 인플레이션과 금리인상의 우려도 서서히 부각된다. 이에 따라 경기민감주와 성장주의 비중을 확대하고, 원자재와 에너지 섹터에 투자하는 것이 경제성장의 수혜를 누리는 방법이 된다.

여름이 끝날 무렵에는 경기둔화와 시장변동성 증가 가능성에 대비해 일부 주식 수익을 실현하고 예금이나 단기채권과 같은 안전자산으로 전환하는 리밸런싱 전략을 시작하여 리스크를 줄이는 것이 중요하다.

금리가 상승하고 기업실적이 대부분 서프라이즈를 보인다

증시의 사계절에서 여름은 주글러 사이클의 확장기에 해당한다. 달걀이론의 A2~A3에 해당되는 시기로 투자자들의 탐욕이 점점 커진다. 기업실적은 대부분 서프라이즈를 보이고, 기업에서 제시하는 실적전망(가이던스)도 대부분 개선된다. 이에 애널리스트들은 미래 실적전망치를 상향 조정하고 주가는 빠르게 오른다. 기업실적의 개선은 경제성장으로 연결된다. 금리는 경제성장과 인플레이션 기대를 선반영하여 상승한다. 여름에는 금리와 주가가 동시에 상승한다. 성장 기대가 금리 상승에 대한 우려를 상쇄하며, 주가는 강세를 이어간다.

판단 기준과 신호

· **기준금리:** 금리인상 가능성이 언급되고 시중에 풀린 유동성을 흡수하는 정책들이 나오기 시작한다. 이를 통해 경기과열 여부를 판단할 수 있다.

· **국채금리와 수익률곡선:** 장기금리가 단기금리보다 크게 상승하고 수익률곡선이 가파르게 상승할 경우, 경제가 여름철 확장기에 접어들었다고 해석할 수 있다.

· **회사채 스프레드:** 투자등급과 투기등급 회사채 간 스프레드가 축소될 때, 경제성장이 고도화되고 기업의 신용위험이 낮아졌음을 나타낸다.

· **장단기 스프레드:** 장기금리와 단기금리 간의 스프레드가 확대될 때, 경기확장기와 관련된 강한 성장 신호로 볼 수 있다.

경기 특징

· **고도성장:** 경제는 강한 수요에 힘입어 고도성장을 이루며 기업의 매출과 수익성이 최고조에 이른다. 기업들은 생산을 최대한으로 늘리고, 신사업과 설비투자 확대에 나선다.

· **고용시장 강세:** 경기확장에 따라 고용이 안정적으로 증가하며, 실업률은 낮은 수준을 유지한다. 노동시장에서 임금상승 압력이 나타나며, 이로 인해 소비자의 가처분소득이 증가하고 소비지출이 활성화된다.

· **신뢰지표 개선:** 경제 호조와 안정성에 대한 기대가 커지면서 소비자 및 기업 신뢰지표가 상승한다. 이는 추가적인 소비와 투자를 촉진하는 동력으로 작용한다.

· **인플레이션 압력 상승:** 경제활동이 활발해짐에 따라 인플레이션 압력이 증가한다. 임금상승과 수요 증가는 비용 상승으로 이어지며, 이는 소비자물가 상승을 촉진할 수 있다.

통화정책 특징

· **금리인상 기조 전환:** 경기과열 우려가 커질 경우 중앙은행은 인플레이션 억제를 위해 금리인상을 시작할 수 있다. 이는 차입비용을 증가시켜 소비와 투자를 억제하는 역할을 한다.

· **경제성장 지속:** 금리인상에도 불구하고, 여름철 경제성장세는 강력히 유지된다. 기업들은 초과 수요를 충족하기 위해 대규모 투자를 단행하며, 이는 성장과 이익 개선에 대한 기대를 더욱 높인다.

주식시장 특징

· **경기민감주 강세:** 경기확장기에는 소비재, 에너지, 원자재와 같은 경기 민감주가 높은 수익률을 기록한다. 이는 강한 수요와 경제성장의 영향을 직접적으로 받는 섹터들이기 때문이다.

· **변동성 증가:** 경제성장이 고점에 가까우며 변동성이 확대될 수 있다. 지속되는 기준금리 인상으로 향후 경기가 둔화될 것이라는 불안감이 형성되기 때문이다.

· **리스크 관리 필요성:** 경기과열이 감지되는 시점에서는 리스크 관리에 집중해야 한다. 금과 같은 안전자산을 포트폴리오에 추가하거나, 필수소비재 및 헬스케어와 같은 방어적 주식으로 일부 교체하여 위험을 분산할 필요가 있다.

채권시장 특징

· **채권가격 하락:** 확장기에는 인플레이션 상승에 따른 기준금리 인상 가능성이 크기 때문에 채권가격이 하락할 수 있다. 인플레이션이 상승하면 고정금리 채권은 실질수익률이 감소하며, 가격 하락을 겪는다. 특히 장기채권은 금리인상의 영향을 크게 받아 단기채권보다 수익률이 더 큰 폭으로 하락한다.

· **인플레이션을 방어하는 채권:** 금리인상이 있더라도 변동금리채권이나 짧은 만기의 채권은 이자율 변동에 따라 빠르게 적응하며, 수익을 안정적으로 유지할 수 있다. 또한 인플레이션 헷지 수단으로 물가연동채권

TIPS이 대안이 된다.

포트폴리오 전략

· **경기민감주 투자:** 여름철 경기확장기에는 소비재, 에너지, 산업재, 원자재와 같은 경기민감주들이 높은 수익을 창출할 가능성이 높다. 이는 강한 수요와 고도성장의 영향을 직접적으로 받기 때문이다.

· **성장주 투자:** 경제성장과 소비 증가가 이어지는 시기에는 기술주와 같은 성장주가 유망하다. 특히 지속적인 수익 성장 가능성을 보이는 기업들이 높은 평가를 받을 수 있다.

· **원자재 및 에너지:** 경기확장과 더불어 인플레이션 압력이 상승하는 여름에는 원자재와 에너지 섹터가 특히 유망하다. 경제활동의 증가에 따라 원자재 수요가 증가하기 때문에 관련 자산의 가격이 상승할 가능성이 크다.

· **인플레이션 헷지 자산:** 인플레이션 상승에 대비해 금이나 실물자산에 일부 투자하여 포트폴리오를 헷지할 필요가 있다. 이는 변동성에 대응하고 인플레이션으로 인한 자산가치 하락을 방지하는 역할을 한다.

· **리밸런싱:** 경기 고점에 대비하여 주식에서 일부 수익을 실현하고, 단기채권이나 현금 같은 안전자산으로의 리밸런싱이 요구된다. 이는 하반기 경기둔화에 대비한 위험 관리와 현금 보유를 통해 기회에 유연하게 대응할 수 있도록 한다.

표 36 여름 마켓사이클 특징

구분	세부 내용
경기 특징	· 고도성장: 경기확장, 고용 증가, 신뢰지표 상승, 인플레이션 압력 상승
통화정책	· 금리인상 기조 전환, 경제성장 지속
주식시장	· 경기민감주 강세, 변동성 증가, 리스크 관리 필요
채권시장	· 채권가격 하락, 인플레이션 방어를 위한 변동금리채권 및 물가연동채권(TIPS) 유망
포트폴리오 전략	· 경기민감주, 성장주, 원자재 및 에너지, 인플레이션 헷지 자산, 리밸런싱 필요

가을: 방어적 포트폴리오

가을은 성장이 정점을 지나 둔화되기 시작하는 시기로 방어적 투자전략과 리스크 관리가 필수적이다. 주요 경제지표들이 성장둔화, 고용감소, 소비자 신뢰지수 하락을 나타내며, 소비와 기업실적 전망이 약화된다. 기업들은 신규 고용을 줄이고 경기민감 산업에서는 해고가 시작될 가능성도 있다. 이는 소비자의 지출 감소로 이어져 경기둔화에 대한 불확실성이 심화된다.

둔화기에는 필수소비재, 헬스케어, 유틸리티와 같은 경기방어적 섹터로 자산을 이동시키는 전략이 유효하다. 경제성장 둔화와 기업실적 악화에 따른 주식시장의 조정에 대비하여 투자자들은 리스크 관리와 방어적 자산의 비중을 늘리고, 안정성과 현금 확보를 중시하는 포트폴리오를 구성해야 한다. 금리정책의 변화 가능성에 대비하여 경기방어적 자산과 헷징 전략을 통해 시장변동성에 대응하는 것이 핵심이다.

고금리 환경에서 실적은 좋은데 주가가 하락하기 시작한다

증시의 사계절에서 가을은 주글러 사이클의 정점에 해당한다. 달걀이론의 금리 정점~B1 시기로 감각이 예민한 투자자들은 탐욕 사이에서 두려움을 느끼기 시작한다.

기업실적은 대부분 예상치에 부합하고, 애널리스트들의 실적전망도 여전히 좋다. 경기에 민감한 일부 섹터에서 가이던스가 조금씩 하향 조정되지만, 이런 변화가 시장 전체적으로 확산되지 않는다. 그러나 특별한 이유 없이 주가가 횡보하거나 하락하기 시작한다.

기준금리 인상 및 유동성을 흡수하는 정책이 실행됨에 따라 대출이 점점 어려워진다. 그 결과 자금이 부족한 기업들은 투자, 고용, 지출을 줄이기 시작한다.

금융시장에서는 일차적인 원인을 금리에서 찾는다. 금리가 높아서 주가가 하락한다고 설명한다. 그러나 본질적으로는 성장 경로가 꺾이는 과정에 놓인 영향의 결과이다. 성장과 인플레이션 전망이 약화되면서 주가와 금리가 모두 하락하는 흐름을 보인다.

판단 기준과 신호

· **기준금리:** 인플레이션 압력이 낮아짐에 따라 중앙은행의 금리인하가 시작된다. 경기전망이 아주 부정적이진 않으므로 금리인하 속도가 빠르지는 않다. 중앙은행에서 금리인하 여부를 검토하기 시작하거나, 향

후 경기전망 수치가 하향조정 되기 시작했다면 가을이 접어들고 있음을 짐작할 수 있다.

- **국채금리 및 수익률곡선:** 장기금리가 먼저 하락하기 시작하며, 장단기 금리차가 점차 좁아진다. 이에 수익률곡선은 완만한 상승곡선에서 수평에 가까운 형태로 변하기 시작한다. 이 경우 경기전망과 금융시장 변동성 확대 가능성을 점검할 수 있다.

- **회사채 스프레드:** 투자등급과 투기등급의 회사채 스프레드는 차별화를 보인다. 고금리에 대한 기대로 투자등급 회사채의 수요는 견고하나, 투기등급은 개별 기업 단위에서 신용위험이 발생할 수 있다. 이에 투자등급 회사채 스프레드는 안정적인 반면, 투기등급 회사채는 확대되는 조짐을 보인다.

- **장단기 스프레드:** 장단기 금리차는 축소와 확대를 반복한다. 초기에는 장기금리 하락으로 축소되다가, 기준금리 인하가 시작되면 단기금리 하락으로 다시 확대된다. 또 경기부진에 대한 경계감에 금리차가 축소되었다가, 금리인하 속도에 따라 다시 확대된다.

경기 특징

- **소비자 심리와 소비 둔화:** 경제전망에 대한 불안감이 커지면서 소비자들은 지출을 줄이기 시작한다. 이는 GDP 성장에 중요한 민간소비 항목에 부정적인 영향을 미친다.

- **인플레이션 안정화:** 경제의 열기가 식어가면서 인플레이션 압력도 감소하고, 공급이 수요를 초과하면서 물가상승은 억제된다.

통화정책 특징

- **금리인하 검토:** 경제성장이 둔화되면 중앙은행은 금리정책을 조정하게 된다. 금리인상을 멈추고 동결하거나, 경기부양을 위한 금리인하 시점을 검토하기 시작한다. 이는 차입비용을 낮춰 소비와 투자를 촉진하려는 목적이다. 중앙은행의 금리동결 또는 인하 조치는 경기둔화를 지연시키고 시장 심리에 긍정적인 영향을 줄 수 있다.

주식시장 특징

- **경기방어적 섹터:** 필수소비재와 유틸리티는 경기상황에 덜 민감하며, 안정적인 수익을 제공하기 때문에 시장불확실성이 커질 때 상대적으로 안전한 투자처로 평가된다.

- **현금 비중 확대:** 시장변동성이 커지는 시기에는 일부 수익을 실현하고, 현금 비중을 확대하여 주가 조정 시에 저평가된 자산을 매수할 수 있는 기회를 노릴 수 있다.

채권시장 특징

- **장기채권 투자:** 금리인하가 검토되면 장기채권 금리가 하락한다. 금리가 하락하면 채권가격은 상승하고 만기가 길수록 수익률이 높으므로 경기둔화기에 대비해 장기채권 비중을 확대할 시점이다.

- **국채 vs. 회사채:** 국채는 안전자산으로써 선호되는 경향이 있지만, 신용위험을 가진 회사채는 위험할 수 있다. 다만 회사채는 국채보다 금리가 높아 더 많은 이자를 받는다. 따라서 회사채는 만기가 짧으며 신용위험이 적고 금리는 높은 상품이 인기를 끈다.

- **위험채권 가격 급락:** 둔화기에는 기업의 신용위험이 커지기 때문에 신용등급이 낮은 채권은 가격이 하락한다. 예를 들어, 2008년 금융위기 직전의 둔화기 동안 많은 하이일드 채권이 큰 폭으로 하락했다.

- **신용위험 확대:** 경기둔화가 진행될 때, 기업들의 수익성이 떨어지면서 신용등급이 하락할 가능성이 크다. 특히 중소기업 채권이나 신흥국 채권은 둔화기에 신용등급 하락에 직면할 수 있다. 이는 해당 채권의 가격 하락과 투자자 손실로 이어질 수 있다.

포트폴리오 전략

- **필수소비재 및 헬스케어:** 가을철 경기둔화 국면에서는 필수소비재, 헬스케어, 유틸리티와 같은 경기방어적 섹터가 상대적으로 안전한 투자처로 평가된다. 경기상황에 덜 민감한 이들 섹터는 안정적인 수익을 제공하며, 주식시장 전체 변동성보다 상대적으로 낮은 변동성을 보인다.

- **유틸리티 섹터:** 유틸리티 기업들은 경기상황에 상관없이 안정적인 수익을 창출하기 때문에 변동성 확대 시기에도 안정적인 성과를 얻을 수 있다.

· **장기채권 투자:** 경기가 둔화됨에 따라 금리인하 가능성이 커지면서 장기 채권의 투자 매력이 높아진다. 금리가 하락할 경우 채권가격이 상승하므로, 장기국채 및 우량 회사채에 대한 비중 확대가 유리하다.

· **투자등급 회사채:** 경기둔화기에 리스크를 낮추기 위해 신용도가 높은 투자등급 회사채에 대한 투자가 유리하다. 이를 통해 안정적인 수익을 제공하면서도 경기둔화 위험을 완화시킬 수 있다.

· **현금 비중 확대:** 주가 조정 가능성이 높아지는 시기에는 포트폴리오 내 현금 비중을 늘려 유연성을 확보하는 것이 좋다. 이는 향후 저평가된 자산을 매수하기 위한 전략적 유동성 확보를 위한 것이다.

· **포트폴리오 리밸런싱:** 경기둔화 신호가 확인되면 전체적인 주식 비중은 줄이고, 주식의 종류도 방어적인 섹터로 전환하는 리밸런싱이 필요하다.

· **헷지 전략:** 변동성 확대를 대비해 헷지 수단을 활용할 수 있다. 파생상품을 활용하여 포트폴리오를 보호하거나, 안전자산 비중을 늘려 리스크를 줄이는 것도 좋은 방법이다.

· **리스크 분산:** 주식 외에도 원자재, 금 등 실물 자산을 보유하여 포트폴리오 리스크를 분산시키는 것이 중요하다. 특히, 금과 같은 안전자산은 시장불확실성을 낮출 수 있다.

표 37 **가을 마켓사이클 특징**

구분	세부 내용
경기 특징	· 소비심리 위축, 지출 축소 및 실질 소비여력 감소, 인플레이션 둔화
통화정책	· 금리인하 검토, 금리동결 또는 인하로 경기부양
주식시장	· 경기방어적 섹터로의 전환, 현금 비중 확대
채권시장	· 장기채권 투자 확대, 국채 선호, 하이일드 채권 가격 하락 및 스프레드 확대, 신용위험 확대
포트폴리오 전략	· 필수소비재 및 헬스케어, 유틸리티, 장기채권 투자, 투자등급 회사채, 현금 비중 확대 · 포트폴리오 리밸런싱, 헷지 전략, 리스크 분산

금리하락기:
투자 기회 포착 전략

금리하락기는 겨울(침체기)에서 봄(회복기)으로 마켓사이클이 전환되는 과정이다. 이 시기에는 금리인하와 경기부양이 중심이 되며, 투자전략 또한 이에 맞춰 조정되어야 한다.

금리하락기의 겨울, 즉 침체기에는 소비가 감소하고 인플레이션이 둔화되거나 디플레이션이 나타난다. 중앙은행은 금리를 적극적으로 인하하며, 양적완화와 같은 추가적인 경기부양책을 실행한다. 주식시장은 경기 방어적 섹터가 상대적으로 강세를 보이고, 현금 확보를 통해 저평가 자산 매수 기회를 노리는 전략이 유효하다. 채권시장은 유동성 리스크와 디폴트 리스크가 커지는 가운데 장기채권이 주요 투자처로 부각된다.

겨울(침체기)의 포트폴리오 전략은 방어적 자산인 필수소비재, 헬스케어, 유틸리티, 고배당주 등의 비중을 늘리고, 채권 비중을 확대하며, 현금 및 유동성을 확보하는 데 초점이 맞춰진다. 반면 고위험 자산의 비중은 줄이는 것이 적절하다.

금리하락기의 봄, 즉 회복기가 되면 기업의 수익성이 개선되고 고용이 증가하며, 다시 인플레이션 압력이 나타난다. 통화정책은 여전히 낮은 금리를 유지하지만 시장의 분위기는 점차 호전된다. 주식시장은 주가가 상승하고 투자심리가 개선되면서 성장주가 두각을 나타낸다. 채권시장은 상대적으로 주식에 비해 매력이 줄어들며 자산배분의 조정이 필요하다.

봄(회복기)의 포트폴리오 전략은 성장주와 원자재 비중을 확대하고, 채권 비중을 축소한다. 적극적인 자산배분을 통해 회복기 시장의 기회를 포착하는 것이 핵심이다. 금리하락기에는 침체기와 회복기의 특징을 이해하고 각 단계에 맞춘 전략을 실행함으로써 안정성과 수익성을 모두 확보할 수 있다.

표 38 금리하락기 특징 요약

	금리하락기	
	겨울(침체기)	봄(회복기)
경기	• 소비 감소 • 인플레이션 둔화 및 디플레이션	• 기업 수익성 개선 • 고용 증가 • 인플레이션 압력 증가
통화정책	• 적극적인 금리인하 • 양적완화 등 추가 부양책 실행	• 낮은 금리 유지
주식시장	• 경기방어적 섹터 • 현금 확보 및 저평가 자산 환기	• 주가 상승 • 투자심리 개선
채권시장	• 유동성 리스크 및 디폴트 리스크 확대 • 장기채권	

포트폴리오 전략	• 방어적 자산 비중 확대: 필수소비재, 　헬스케어, 유틸리티, 고배당주 등 • 채권 비중 확대 • 현금 및 유동성 확보 • 고위험 자산 비중 축소	• 성장주 비중 확대 • 원자재 및 에너지 비중 확대 • 적극적인 자산배분: 채권 비중 줄이고 　주식 비중을 늘림

겨울: 위험을 대비한 포트폴리오 전략 ──────────○

겨울은 경기가 수축기로 접어드는 시기로 경기침체나 불황의 신호가 나타나는 단계이다. 이 시기에는 경제활동이 급격히 감소하며 다양한 경제지표가 하락세를 보인다.

침체기의 경제는 성장률 둔화, 고용 축소, 소비지출 감소가 동시다발적으로 증폭된다. 기업들은 매출 감소와 비용 절감 압박으로 실적 하락을 경험하며, 구조조정을 통해 고용을 감축한다. 경기침체와 불확실성으로 주식시장은 하락세를 보이며, 경기민감주와 고위험 자산의 낙폭이 커진다.

겨울은 방어적인 자산배분과 리스크 관리가 핵심이다. 경기침체로 인해 주식시장과 경제의 변동성이 높아지는 만큼, 안정성과 유동성을 강화하는 전략이 요구된다. 이를 통해 겨울을 견디고, 봄을 기다리는 준비가 필요하다.

금리가 하락하고 기업실적은 예상치를 하회한다

증시의 사계절에서 겨울은 주글러 사이클의 침체에 해당한다. 달걀이론의 B2~B3 시기로 투자자 심리는 두려움에서 포기 상태로 바뀐다. 그 결과 이미 발생한 손실은 그대로 방치하고, 새로운 투자기회 모색을 단념하는 우유부단한 태도를 보인다.

기업실적은 대부분 예상치를 하회한다. 기업에서 제시하는 가이던스도 보수적으로 바뀌고, 애널리스트들은 미래 실적전망치를 빠르게 하향조정한다. 실적이 곤두박질 치는 과정에서는 금리가 아무리 하락한들 주가가 살아나지 않는다. 성장에 대한 기대가 낮고 불확실성을 기피하는 방어성향이 커지기 때문이다. 그래서 겨울에는 투자자들이 금리가 상승하는 뉴스를 학수고대한다. 경기가 살아나는 증거를 금리에서 찾으려고 한다.

경기가 부진할수록 중앙은행은 유동성을 적극적으로 공급한다. 이 과정에서 저금리로 자본을 차입하여 성장하기 쉬운 소형주의 주가상승이 두드러진다. 그 이후 저금리를 적극적으로 활용하여 투자기회를 모색하는 기업이 늘어나면서 주가는 바닥을 다지기 시작한다. 대부분의 사람들이 주식에 무관심하나, 일부에서는 낙관론이 등장하기 시작한다.

판단 기준과 신호

· **기준금리:** 중앙은행의 금리인하가 지속된다. 비전통적 통화정책(자산매입, 양적완화 등) 조치를 통해 성장 및 인플레이션을 자극한다. 그러나 유동성 함정에 빠진 상황에서는 경제적인 효과가 미약하다.

· **국채금리 및 수익률곡선:** 수익률곡선은 평탄화 되거나 역전된다.

· **회사채 스프레드:** 신용위험에 대한 경계감이 높으므로 투자등급과 투기

등급 회사채의 스프레드는 확대된다.

- **장단기 스프레드:** 단기금리는 매우 낮은 수준에서 유지되고, 때때로 장기금리가 단기금리보다 하락하여 역전되기도 한다.

경기 특징

- **소비 감소:** 실업 증가와 경제불확실성은 소비자 신뢰를 약화시키며, 소비자들이 지출을 줄이는 경향이 강해진다.

- **인플레이션 둔화 및 디플레이션 우려:** 경제활동의 축소는 인플레이션 압력을 완화시키거나 디플레이션을 초래할 수 있다. 수요 부족으로 가격 상승이 억제되며, 이는 기업의 수익성에 부정적인 영향을 미친다.

통화정책 특징

- **적극적인 금리인하:** 경기침체를 방지하기 위해 중앙은행은 금리인하를 적극적으로 시행한다. 금리를 낮추면 차입비용이 줄어들어 소비와 투자가 촉진될 수 있다. 그러나 이미 금리가 낮은 상황에서 심리가 얼어붙은 경제에서는 금리인하가 즉각적인 효과를 발휘하지 않을 수 있다. 또한 금리가 낮은 상태에서의 통화완화 정책은 장기적인 경기회복을 도울 수 있지만 단기적으로는 그 효과가 미미할 수 있다.

- **양적완화 등 추가 부양책 실행:** 금리가 이미 낮은 수준에 도달하면, 중앙은행의 금리인하가 소비자와 기업의 신뢰를 즉각적으로 회복시키는 데 한계가 있다. 그럼에도 불구하고 경기침체를 극복하고 시장에 대한 불

안을 완화시키는 역할을 할 수 있다.

주식시장 특징

· **경기방어적 섹터:** 필수소비재, 헬스케어, 유틸리티와 같은 섹터는 경제 불확실성에도 불구하고 주가변동성이 상대적으로 낮다. 이러한 섹터들은 경기침체기에도 필요한 제품과 서비스를 제공하므로 안정적인 수익원이 된다.

· **현금 확보 및 저평가 자산 매수:** 겨울이 오기 전에 충분히 현금을 확보하고, 주가가 하락할 때 저평가된 자산을 매수할 기회를 노리는 전략이 중요하다. 또한 자산 방어를 위해 보유 자산을 잘 지키며, 봄이 올 때까지 시장의 회복을 기다려야 한다.

채권시장 특징

· 침체기에는 보통 채권이 안전하다고 생각하지만, 신용등급이 낮은 일부 채권은 위험할 수 있다.

· 침체기에는 유동성 리스크와 디폴트 리스크가 상승한다. 침체기 동안 기업파산이 증가하며 하이일드 채권과 같은 위험 채권은 디폴트 가능성이 크다. 2020년 코로나 팬데믹 초기, 에너지 및 항공업종의 하이일드 채권은 디폴트 위험이 급증하며 투자자들에게 큰 손실을 안겼다.

· 한편 재정정책과 금리정책이 혼란스러울 경우, 침체기에도 장기금리가 급등할 수 있으며 이는 장기채권에 큰 타격을 줄 수 있다.

· 침체기 이후 과도한 통화완화 정책이 펼쳐질 경우, 채권수익률이 극도로 낮아져 기대수익률이 감소할 수 있다. 일본의 경우 1990년대 침체 이후 금리인하가 이어졌고, 2000년대에도 낮은 금리 수준이 유지되면서 채권의 수익률이 극도로 낮았다.

포트폴리오 전략

· **방어적 자산 비중 확대:** 필수소비재, 헬스케어, 유틸리티, 고배당주 등 경기방어적 섹터는 경기침체기에 안정적인 수익과 낮은 변동성을 제공한다.

· **채권 비중 확대:** 국채 및 우량등급 장기채권은 겨울에 알맞은 투자처다. 경기둔화로 인해 금리인하가 지속되면서 장기채권의 투자 매력이 증가한다. 국채와 우량 회사채는 안전자산으로써 경기침체기에도 안전한 수익원을 제공하며, 금리하락 시 채권가격 상승의 이점도 얻을 수 있다.

· **현금 및 유동성 확보:** 침체기에는 현금을 보유하여 시장변동성에 대비하고, 향후 저평가된 자산을 매수할 수 있는 유동성을 확보한다. 이는 유연한 투자기회를 위한 대비책이 된다.

· **고위험 자산비중 축소:** 경기둔화와 실적 약화로 인해 하락 가능성이 큰 경기민감주와 성장주에 대한 비중을 줄인다. 포트폴리오에서 고위험 자산을 축소하여 리스크를 분산시키는 것이 필요하다.

표 39 겨울 마켓 사이클 특징

구분	세부 내용
경기 특징	· 경기수축, 실업 증가, 소비 감소, 인플레이션 둔화 및 디플레이션 우려
통화정책	· 적극적인 금리인하, 양적완화 등 부양책 시행
주식시장	· 하락장, 경기방어적 섹터 선호, 현금 확보 및 저평가 자산 매수 전략
채권시장	· 국채는 안전자산으로 평가되지만, 하이일드 채권 및 장기채권은 리스크 있음
포트폴리오 전략	· 방어적 자산 비중 확대(필수소비재, 헬스케어, 유틸리티), 채권 비중 확대, 현금 및 유동성 확보 · 고위험 자산 비중 축소, 경기민감주와 성장주 비중 감소

봄: 중장기 투자를 준비하는 포트폴리오 전략 ──────── ○

봄은 경기침체 이후 경제가 회복기에 접어드는 시기로 주요 경제지표와 금융시장이 긍정적인 흐름을 보인다. 이 시기에는 기업실적의 개선과 고용 증가로 경제성장의 기반이 마련된다. 특히 낮은 금리와 신용스프레드 축소는 안정적인 성장의 원동력이 된다. 봄철에는 경기회복을 확인하며 적극적으로 자산을 매수하는 전략이 유효하다.

금리가 낮고 실적은 저조한데 주가는 오른다

증시의 사계절에서 봄은 주글러 사이클의 회복기에 해당한다. 달걀이론의 금리 저점~A1 시기로 심리가 얼어 있는 듯 보이지만 이미 새싹이 나기 시작하는 타이밍이다.

기업실적이 대부분 저조하나 애널리스트 예상치에 부합한다. 일부 섹터에서 애널리스트 실적전망이 상향조정되지만, 시장 전체적으로 분위기가 확산되지는 않는다. 그러나 재고 감소와 함께 원자재 가격이 반등하고 건설 경기가 회복세를 보이기 시작한다. 대출이 쉬워지고 돈이 도는 속도가 빨라진다. 주식가격 상승폭이 커지고, 경제지표와 기업실적에서 서프라이즈가 나기 시작한다. 투자자 심리는 탐욕이 커진다.

봄에는 저금리를 배경으로 주가가 상승하며, 금리와 주가는 반비례 관계를 나타낸다. 저금리를 바탕으로 주가가 부양되며, 저금리가 장기간 지속될수록 주가상승에 대한 기대는 커진다.

판단 기준과 신호

· **기준금리:** 기준금리 인하가 멈추고 저금리가 지속된다. 중앙은행의 스탠스 변화를 살펴봄으로써 경기회복과 확장 여부를 가늠할 수 있다.

· **국채금리와 수익률곡선:** 단기국채 금리는 낮은 수준에 머물러 있으나, 장기국채 금리가 서서히 상승한다. 경기확장 가능성을 반영하며 수익률곡선이 점점 가팔라진다면, 이는 경기의 봄을 암시하는 신호로 해석된다.

· **회사채 스프레드:** 경제가 회복기에 접어들면 투자등급 및 투기등급 회사채 스프레드가 축소된다. 이는 신용위험이 감소하며 기업의 재무상태가 개선되고 있음을 의미한다.

· **장단기 스프레드:** 장기금리가 단기금리보다 상승하며 두 금리차가 확대된다. 이는 경기확장기의 신호로 해석된다.

경기 특징

- **기업 수익성 개선:** 침체에서 벗어나면서 기업들은 생산성 향상과 비용 구조 개선을 통해 수익성을 회복하고, 소비자 수요 증가로 매출이 상승한다.

- **고용 증가:** 기업활동 증가로 고용이 늘어나고, 가처분소득 증가가 소비를 촉진하며, 이는 경기 전반의 활력을 높인다.

- **인플레이션 압력 증가:** 경제활동이 활발해지면서 수요가 늘고, 이에 따라 인플레이션 압력이 커진다.

통화정책 특징

- **낮은 금리 유지:** 중앙은행은 경기회복 초기에 금리를 낮게 유지하여, 경제성장을 촉진하고 유동성을 공급한다.

주식시장 특징

- **주가상승:** 기업실적의 개선과 경제성장에 대한 기대감으로 주가는 상승한다. 특히 기술주, 소비재, 헬스케어와 같은 성장주가 부각된다.

- **투자심리 개선:** 경제회복과 긍정적인 전망으로 인해 투자자들의 신뢰가 증가하며 자본 유입이 활발해진다.

- **성장주 선호:** 경기회복기에 기업들의 실적 개선과 함께 성장성이 큰 기술주와 헬스케어 섹터에 대한 수요가 증가한다.

채권시장 특징

- **금리상승 초기 단계:** 중앙은행이 유동성 함정을 벗어나며 금리를 점진적으로 인상할 가능성이 크다.

- **신용스프레드 축소:** 기업의 신용위험이 낮아지면서 신용스프레드가 축소된다.

- **하이일드 및 신흥시장 채권의 매력 증가:** 기업의 재무건전성 향상과 신흥시장의 경기회복으로 하이일드 및 신흥시장 채권이 더욱 유망해진다.

- **인플레이션 기대와 장기금리 상승:** 경제성장이 개선되고 인플레이션 압력이 서서히 증가하여 장기금리가 상승할 가능성이 있다.

- **국채의 안정성 하락:** 경기회복과 함께 국채의 투자 매력이 낮아지고, 대신 경기민감 자산으로 자금이 유입된다.

포트폴리오 전략

- **성장주 투자:** 기업실적이 개선되는 회복기 초반에는 기술혁신과 시장개척에 나서는 성장주가 유망한 투자 대상으로 부상한다.

- **원자재 및 에너지 투자:** 경제활동이 증가하며 원자재와 에너지 수요가 늘어나는 시기이다. 이에 따라 관련 산업에 대한 투자가 유리할 수 있다.

- **적극적인 자산배분:** 경기회복기에는 주식 비중을 늘리고, 금리상승에 대비해 채권 비중을 축소하는 전략이 유효하다. 이는 주식시장의 상승 흐름을 활용하면서 금리상승에 따른 리스크를 관리하는데 유리하다.

표 40 **봄 마켓 사이클 특징**

구분	세부 내용
경기 특징	• 실적 개선: 매출 증가와 비용 절감으로 수익성 회복 • 고용 증가: 소비 촉진 및 경제성장 가속화 • 인플레이션 압력 증가: 수요 증가로 인플레이션 압력 상승
통화정책	• 낮은 금리 유지: 경제성장 촉진 및 유동성 공급
주식시장	• 주가상승: 기업실적 개선으로 주가상승 • 투자심리 개선: 경제전망 개선으로 자본유입 증가 • 성장주 선호: 기술, 헬스케어, 소비재 섹터 중심
채권시장	• 금리상승 초기 단계: 채권은 안정적이며 적절한 수익 제공 • 신용스프레드 축소: 국채 대비 회사채 금리 하락폭 확대 • 하이일드 및 신흥시장 채권 매력 증가 • 장기금리 상승 가능성: 인플레이션 압력으로 금리상승 가능
포트폴리오 전략	• 성장주 투자: 기업실적 개선에 따른 성장주 유망 • 원자재 및 에너지 투자: 수요 증가로 관련 산업 유망 • 적극적인 자산배분: 주식 비중 확대 및 채권 비중 축소

IV

금리로
미래를
예측한다

애널리스트로 활동하며 복잡한 경제데이터를 해석하고 실무에 적용했던 경험을 바탕으로 누구나 쉽게 따라 할 수 있는 '4단계 금리전망 프로세스'를 소개한다. 단기금리를 분석하고, 장단기 금리차의 시그널을 해독한 후, 실질 M2 증가율을 통해 유동성을 점검하면 종합적인 금리전망을 도출할 수 있다. 이제 당신도 금리를 읽고, 미래를 예측하며, 투자전략을 세울 수 있다. 단계별 실행을 통해 금리전망이 전문가의 전유물이 아니라는 자신감을 갖게 될 것이다. 이를 통해 경제데이터의 방대한 흐름 속에서 미래를 예측하고 기회를 선점할 수 있는 실전적인 도구를 얻게 될 것이다.

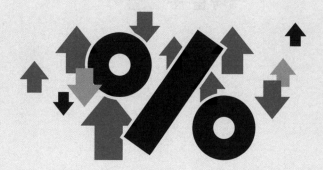

8

경제지표로
금리의 흐름 읽기

경제지표로 경기를
예측할 수 있을까?

경제 전반의 흐름을 읽는 능력은 금리를 분석하고 이해하는데 있어 필수적이다. 이 흐름을 파악하는데 활용할 수 있는 주요 도구가 바로 경제지표이다. 하지만 모든 경제지표를 모니터링하는 것은 시간적 한계가 있다. 따라서 분석의 효율성을 극대화하기 위해 핵심적인 경제지표를 선별하여 지속적으로 모니터링하는 것이 중요하다. 경제지표 선별에는 세 가지 방법이 있다. 첫째와 둘째는 일반적인 접근법이며, 셋째는 필자의 실전 경험에서 도출한 노하우에 기반한다.

첫 번째 방법은 경제지표를 중요도에 따라 나누는 것이다. 이를 쉽게 확인할 수 있는 방법 중 하나가 경제지표 발표 사이트에서 제공하는 별점이다. 일반적으로 별이 많을수록 해당 경제지표가 시장과 경제에 미치는 영향이 크다고 해석한다. 따라서 정보 습득의 효율성을 높이려면, 별 3개

이상 등급의 경제지표를 우선적으로 선별해 분석하는 것이 실용적이다.

표 41 **경제지표 선별 방법: 별점** (출처: 인베스팅닷컴)

2024년 12월 11일 수요일				
02:00	🇺🇸 USD	★ ★ ☆	WASDE 보고서 📄	
03:00	🇺🇸 USD	★ ★ ☆	3년물 국채 입찰	4.152%
06:30	🇺🇸 USD	★ ★ ☆	미국석유협회 주간 원유 재고	1.232M
08:00	🇰🇷 KRW	★ ★ ★	한국 실업률 (11월)	2.7%
19:00	🇺🇸 USD	★ ★ ☆	석유수출국기구(OPEC) 월간 보고서 📄	
21:00	🇺🇸 USD	★ ★ ☆	석유수출국기구(OPEC) 월간 보고서 📄	
22:30	🇺🇸 USD	★ ★ ★	근원 소비자물가지수 (MoM) (11월)	0.3%
22:30	🇺🇸 USD	★ ★ ☆	근원 소비자물가지수 (YoY) (11월)	3.3%
22:30	🇺🇸 USD	★ ★ ★	소비자물가지수 (YoY) (11월)	2.6%

두 번째 방법은 경기선행성을 기준으로 선별한다. 경제지표는 일반적으로 선행지표, 동행지표, 후행지표로 나뉜다. 선행지표는 앞으로의 경제 방향성을 예측하는데 도움을 주며, 동행지표는 현재 경제상황을 보여준다. 그리고 후행지표는 과거의 경제흐름을 확인하고 사후 점검하는데 유용하다. 이처럼 각 경제지표의 시차적 특성을 이해하면 선행지표를 통해 미래를 예측하고, 동행지표로 현재의 상황을 확인하며, 후행지표로 경제의 흐름을 평가하는 완성도 높은 분석이 가능하다.

표 42 **경제지표 선별 방법: 대표적인 선행/동행/후행**

선행지수	동행지수	후행지수
미국 주가지수(S&P500)	GDP	실업률
신규주택허가	비농업 고용자 수	기업부채
제조업 신규주문	산업생산지수	소비자물가
장단기 금리차(2년/10년)		

마지막 세 번째 방법은 마켓 사이클별로 가장 민감하게 반응하는 경제지표를 선별하는 것이다. 경제는 봄(회복기), 여름(확장기), 가을(둔화기), 겨울(침체기)로 나눌 수 있으며, 각 계절마다 고유한 경제적 특징과 이를 반영하는 경제지표가 있다. 따라서 계절별로 민감하게 반응하는 핵심 경제지표를 중심으로 살펴보면, 경제지표의 변화와 경기흐름을 한눈에 파악할 수 있다.

표 43 경제지표 선별 방법: 사계절 지표

봄	여름	가을	겨울
산업생산지수	고용보고서	소비자물가(CPI)	신용스프레드
ISM 제조업지수	소비자 신뢰지수	국채금리 스프레드	실질 소비지출 감소율
소매판매지수	기업투자(CapEx)	재고지표	기업파산율

이번 챕터에서는 경제흐름을 사계절로 나누어보고, 각 시기별 핵심 경제지표를 분석한다. 이를 통해 현재 경제가 어떤 계절에 위치하고 있는지 판단하고, 금리의 흐름을 예측하는데 도움을 줄 것이다. 다만 특정 경제지표에만 의존할 경우 편향된 판단을 내릴 위험이 있다. 따라서 계절별 대표 경제지표를 종합적으로 점검하고 각 경제지표의 방향성을 비교·분석하는 과정이 중요하다.

[표 44]는 계절별 경제지표가 보이는 일반적인 방향성을 정리한 것으로, 이를 통해 경제의 흐름을 체계적으로 이해하고 계절 변화 시점을 정확하게 포착하는 안목을 기를 수 있다.

표 44 마켓사이클별 경제지표 흐름

경제지표	봄	여름	가을	겨울
산업생산지수	상승(↗)	완만 상승(→)	둔화(↘)	정체(↘)
ISM 제조업지수	상승(↗)	완만 상승(→)	둔화(↘)	하락(↘)
소매판매지수	상승(↗)	완만 상승(→)	둔화(↘)	감소(↘)
고용보고서	회복(↗)	강한 상승(↗)	둔화(→)	감소(↘)
소비자 신뢰지수	상승(↗)	안정(→)	둔화(↘)	하락(↘)
기업투자	초기 증가(↗)	강한 증가(↗)	둔화(→)	감소(↘)
소비자물가지수	안정(→)	상승(↗)	정체(→)	하락(↘)
국채금리 스프레드	정상화(↗)	축소(→)	역전(↘)	좁아짐(↘)
재고지표	감소(↘)	증가(↗)	과잉(↗)	축소(↘)
신용스프레드	안정(→)	안정(→)	확대(↗)	급등(↗)
소비지출 감소율	낮음(→)	안정(→)	증가(↗)	급등(↗)
기업파산율	낮음(→)	낮음(→)	상승(↗)	급등(↗)

*단, 해당 지표는 일반적인 반응 방향을 나타낸 것이며, 모든 국면에서 절대적이지 않다.

이번 챕터에서 다루는 경제지표들은 미국 경제지표를 중심으로 구성되어 있다. 미국 경제는 글로벌 금융시장의 방향성을 결정짓는 중요한 신호를 제공하며, 특히 금리는 미국 경제에서 가장 먼저 움직이는 경제지표로 글로벌 시장에 강력한 영향을 미친다. 때문에 대부분의 애널리스트들은 미국 경제지표를 통해 글로벌 시장의 흐름을 파악하고, 이를 바탕으로 한국 경제를 분석한다.

그러나 한국 경제는 수출 중심 구조, 높은 가계부채 비중, 제조업 비중이 큰 산업 구조 등의 특징을 지닌다. 이로 인해 미국 경제지표와의 연관성을 분석하는 동시에 한국 경제 고유의 경제지표를 활용한 보완적 해석이 필요하다. 따라서 이번 챕터에서는 우선 미국 경제지표를 먼저 다루고,

이를 보완할 수 있는 한국 경제지표를 소개할 것이다. 미국과 한국 경제의 연결성과 독립적인 특징을 모두 이해하면 글로벌 경제의 흐름 속에서 한국 경제를 입체적으로 해석하고, 정교한 경제 판단을 내릴 수 있을 것이다.

표 45 미국 경제지표 vs. 한국 경제지표

미국 경제지표	발행 기관	한국 경제지표	발행 기관
산업생산지수	Federal Reserve Board	산업활동동향	통계청
ISM 제조업지수	Institute for Supply Management (ISM)	제조업 BSI	한국은행
소매판매지수	U.S. Census Bureau	소매판매액지수	통계청
고용보고서	U.S. Bureau of Labor Statistics (BLS)	고용동향	통계청
소비자 신뢰지수	The Conference Board	소비자심리지수	한국은행
기업투자(CapEx)	U.S. Bureau of Economic Analysis (BEA)	설비투자지수	한국은행
소비자물가지수(CPI)	U.S. Bureau of Labot Statistics (BLS)	수출입동향	한국무역협회
국채금리 스프레드	U.S. Department of the Treasury	국채금리 스프레드	한국은행
재고지표	U.S. Census Bureau	재고지표	한국은행
신용스프레드	Federal Reserve, Bloomberg	가계부채비율	한국은행
소비지출 감소율	U.S. Bureau of Economics Analysis (BEA)	신용위험지수	한국신용평가
신용부도스와프(CPS)	Markit, ICE, Bloomberg	한계기업 비중	한국은행

봄에 보는
경제지표

봄은 대부분의 경제지표가 회복 신호를 보이며 상승세를 나타내는 시기다. 이때 가장 주목해야 할 경제지표는 산업생산지수, ISM 제조업지수, 소매판매지수이다.

봄, 생산과 소비의 초기 회복 신호를 알려주는 한국 경제지표

· **산업활동동향** (산업생산지수 대체)

  한국의 산업 전반의 생산활동을 나타내며, 제조업 및 서비스업에서 회복 신호를 탐지할 수 있다.

· **제조업 BSI** (ISM 제조업지수 대체)

  한국은행이 조사하는 제조업체들의 경기인식 지표로, 제조업 회복 신호를 반영한다.

· **소매판매액지수** (유지)

  내수 소비 동향을 직접적으로 반영하며, 소비 회복의 초기 신호를 보여준다.

경제는 침체에서 벗어나면서 기업들이 비용 절감과 효율성 향상에 집중해 수익성을 개선한다. 소비자 수요는 증가하고 매출도 증가함에 따라 기업실적도 개선된다. 고용도 증가하면서 가처분소득이 늘어나고, 이는 소비지출을 촉진해 경제성장을 가속화한다. 다만 경제활동이 활발해지면서 수요 증가로 인한 인플레이션 압력이 커지고, 일정 수준에 도달하면 중앙은행은 금리인상을 고려하게 된다.

산업생산지수는 경제회복의 초기 신호를 제공하며 제조업과 산업활동의 개선을 보여준다. ISM 제조업지수는 기업들의 생산계획을 반영해 경기가 회복되고 있음을 나타낸다. 소매판매지수는 소비자 지출의 증가로 내수 회복세를 확인할 수 있는 중요한 지표이다.

표 46 봄 경제지표 분석 포인트

주요지표	이유	주요 분석 포인트
산업생산지수	경기회복 초기, 생산활동 재개 여부 판단	계절 조정 데이터, 산업별 성장률 비교
ISM 제조업지수	제조업 중심의 경기회복 신호 확인	신규 주문·고용 지수 변화, 수출 주문 동향
소매판매지수	소비 회복 초기 단계 확인	자동차·휘발유 제외 데이터, 카테고리별 소비 변화

표 47 봄에 보는 경제지표

경제지표	봄	여름	가을	겨울
산업생산지수	상승(↗)	완만 상승(→)	둔화(↘)	정체(↘)
ISM 제조업지수	상승(↗)	완만 상승(→)	둔화(↘)	하락(↘)
소매판매지수	상승(↗)	완만 상승(→)	둔화(↘)	감소(↘)
고용보고서	회복(↗)	강한 상승(↗)	둔화(→)	감소(↘)
소비자 신뢰지수	상승(↗)	안정(→)	둔화(↘)	하락(↘)

기업투자(CapEx)	초기 증가(↗)	강한 증가(↗)	둔화(→)	감소(↘)
소비자물가지수(CPI)	안정(→)	상승(↗)	정체(→)	하락(↘)
국채금리 스프레드	정상화(↗)	축소(→)	역전(↘)	좁아짐(↘)
재고지표	감소(↘)	증가(↗)	과잉(↗)	축소(↘)
신용스프레드	안정(→)	안정(→)	확대(↗)	급등(↗)
소비지출 감소율	낮음(→)	안정(→)	증가(↗)	급등(↗)
기업파산율	낮음(→)	낮음(→)	상승(↗)	급등(↗)

표 48 봄: 미국 경제지표 vs. 한국 경제지표

미국 경제지표

지표	발행 기관	발행 주기	지표 발표 날짜
산업생산지수	Federal Reserve Board	월별	매월 중순
ISM 제조업지수	Institute for Supply Management (ISM)	월별	매월 첫 영업일
소매판매지수	U.S. Census Bureau	월별	매월 중순

한국 경제지표

지표	발행 기관	발행 주기	지표 발표 날짜
산업활동동향	통계청	월별	매월 중순
제조업 BSI	한국은행	월별	매월 중순
소매판매액지수	통계청	월별	매월 중순

산업생산지수 ───────────────────── ○

산업생산지수Industrial Production Index는 제조업, 광업, 공공시설의 생산활동을 측정하는 동행지표로 경제의 현재 상태를 반영하는 중요한 지표이다. 생산활동이 활발하면 경제가 성장 중임을 나타내며, 이는 기업의 수익 증가와 고용 증대 가능성을 예고한다. 반대로 산업생산이 감소하면 경제둔화의 징후로 해석할 수 있다. 특히 제조업이나 광업과 관련된 투자 결정을 내릴 때 유용하다.

산업생산지수를 분석할 때는 먼저 전월 대비와 전년 동월 대비 증가율을 확인해 변화의 폭을 파악하고, 그다음으로 제조업과 서비스업 간 비중 변화를 살펴봐야 한다. 이를 통해 생산부문이 경기 변화에 어떤 영향을 미치는지를 보다 명확하게 파악할 수 있다. 분석 방법으로는 월별 보고서를 활용해 추세와 변화를 관찰하고, 주요 산업별 생산 변화를 분석하는 것이 효과적이다.

구체적인 분석 방법으로는 먼저 계절 조정 데이터를 확인해야 한다. 계절적 요인을 제거한 지표를 통해 순수한 생산 증가세를 평가할 수 있다. 또한 제조업, 건설업, 전력/가스 생산부문별 세부 데이터를 비교해 각 산업의 성장 여부를 분석한다. 전월 대비 증가율의 변화를 볼 때는 3개월 이동평균을 사용해 급격한 변화가 있는지 판단할 수 있다. 마지막으로 과거 경기회복기와 비교해 현재 회복 속도의 상대적 위치를 평가하는 것도 중요하다.

예를 들어, 산업생산지수가 전월 대비 1% 증가했지만 전년 동기 대비 0.5% 감소했다면, 이는 생산활동이 개선되고 있으나 아직 완전한 회복 단계로 보기 어렵다는 신호일 수 있다. 이런 분석을 통해 경제의 현재 위치를 보다 정확히 판단할 수 있다.

그림 1 산업생산지수 분석

차트 10 산업생산지수 전년비

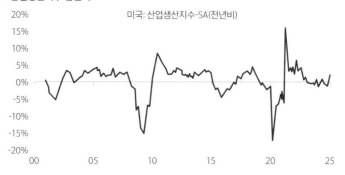

ISM 제조업지수

제조업 활동은 경제회복의 선행지표로 작용하기 때문에 봄을 판단하는 중요한 지표로 평가된다. ISM 제조업지수ISM Manufacturing는 제조업 부문의 경기전환점을 감지하고 경제 전반의 방향성을 판단하는 데 유용하며, 특히 신규 주문과 고용 같은 서브지수는 경제의 회복 속도와 강도를 분석하는 데 중요한 단서를 제공한다.

제조업지수를 분석할 때는 몇 가지 주요 사항을 체크해야 한다. 첫째, ISM 제조업지수가 50을 상회하면 제조업 확장을, 50 미만이면 수축을 나타낸다. 둘째, 신규 주문 서브지수는 경제회복의 초기 신호로 60 이상이면 강한 성장 기대를, 50~60은 안정적인 회복을, 50 이하는 둔화를 나타내는 신호로 해석된다. 셋째, 고용 서브지수는 신규 주문과의 조화를 통해 회복세의 지속 가능성을 평가할 수 있으며, 수출 주문 비중은 글로벌 수요 개선 여부를 분석하는 데 도움을 준다.

구체적인 분석 방법으로는 ISM 제조업지수의 구성 항목인 신규 주문, 재고, 고용 지수를 분리해 회복세의 강도를 평가해야 한다. 신규 주문 지수가 높을수록 제조업 회복세는 강하다는 신호다. 반면 신규 주문이 증가해도 고용 회복이 뒷받침되지 않으면, 회복세는 일시적일 가능성이 높다. 또한 수출 주문 비중을 통해 글로벌 경제와의 연계를 분석하고, 제조업체의 수출의존도를 평가할 수도 있다. 이를 위해 월별 지표를 비교해 확장 여부를 점검하거나, 3개월 이동평균을 활용해 단기 변동성을 줄이고 추세를 확인하는 방식이 효과적이다.

마지막으로 과거 경기회복기의 ISM 제조업지수와 서브지수를 비교하여 현재 회복세의 상대적 위치를 평가하는 것도 중요한 분석 방법이다. 예를 들어, ISM 제조업지수가 55로 확장 국면에 있지만 고용 지수가 45로 낮다면 생산 증가가 단기적일 가능성이 크다. 반면 신규 주문이 60 이상으로 높고 고용 지수도 55를 상회한다면 안정적이고 지속가능한 경제 회복 신호로 해석할 수 있다. 이처럼 ISM 제조업지수는 제조업 부문의 건강 상태를 진단하는 핵심 도구로, 경제회복 초기의 방향성을 파악하는 데 필수적인 역할을 한다. 이를 통해 금리와 경제정책의 흐름을 예측하고, 투자전략을 수립하는 데 유용한 정보를 제공할 수 있다.

그림 2 제조업지수 분석

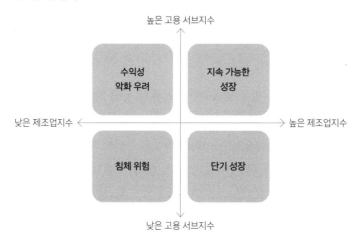

차트 11 ISM 제조업지수 전년비

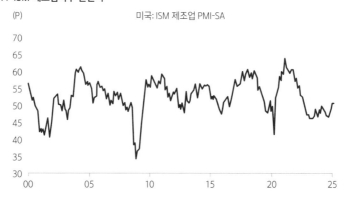

소매판매지수 ─────────────────────────── ○

소매판매지수Retail Sales Index는 소비자들이 상품과 서비스에 지출한 총액을 측정하며, 경제활동에서 중요한 비중을 차지하는 소비를 반영하는 핵심 지표이다. 이 지수는 동행지표로 활용되며 소비활동이 활발하면 경제가 성장 중임을 나타낸다.

높은 소매판매지수는 기업의 수익 증가와 경기확장을 시사하며, 금리인상 가능성을 높이는 신호로도 작용한다. 반대로 소매판매가 감소하면 소비둔화와 경제성장세 약화를 예고할 수 있다. 투자자들은 소매판매지수를 분석해 소비재 및 서비스 관련 업종의 성장 가능성을 평가하고, 경제흐름을 예측할 수 있다.

소매판매지수를 확인하는 이유는 소비 증가가 경기회복의 신호로 작용하며, GDP에서 소비가 차지하는 비중이 크기 때문이다. 분석 시에는 소비 증가율과 필수소비재와 선택소비재 간의 차이를 주요 체크포인트로 삼는다. 필수소비재는 소비여력을 나타내고, 선택소비재는 소비심리를 반영한다. 둘 중 어느 것이 개선되고 둔화되는지에 따라 경기변동의 원인을 판별할 수 있다. 만약 필수소비재가 둔화되면 소비여력에 문제가 있고, 선택소비재가 둔화되면 소비심리에 문제가 있는 것이다.

특히, 계절 조정 데이터를 통해 소비 트렌드의 지속성을 분석하는 것이 중요하다. 변동성이 큰 자동차와 휘발유를 제외한 핵심 소매판매core retail sales에 주목하면 안정적인 소비 흐름을 파악할 수 있다. 또한 온라인과 오프라인 소비 비중의 변화를 살펴보면 소비자 심리와 구매패턴을 이해할 수 있다. 필수소비재와 선택소비재의 매출 증가율을 비교해 소비여력이 어느 정도인지 판단하며, 경제 전반의 건강 상태를 평가한다. 예를 들어, 소매판매가 전월 대비 2% 증가했지만 증가분이 필수소비재에 집중되었다면, 이는 소비심리가 여전히 신중한 상태임을 의미할 수 있다.

그림 3 소매판매지수 분석

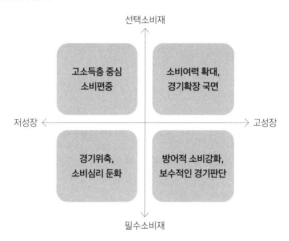

차트 12 소매판매 전년비

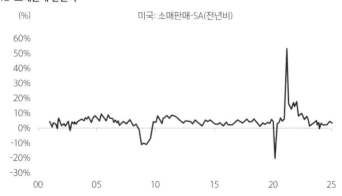

여름에 보는
경제지표

여름은 경기가 확장 국면에 접어드는 시기로 경제지표는 대부분 안정적

이거나 완만한 상승세를 유지한다. 주목할 경제지표로는 고용보고서, 소

비자 신뢰지수, 기업투자 지표가 있다.

여름, 고용과 신뢰의 안정적 성장을 관찰하는 한국 경제지표

· **고용동향** (고용보고서 대체)
고용률, 취업자 수, 실업률 등 노동시장 지표를 통해 경제확장의 강도를 평가할 수
있다.

· **소비자심리지수** (소비자 신뢰지수 대체)
한국은행에서 발표하는 소비자들의 경제전망과 소비심리를 측정하는 지표로 소비
여력과 신뢰를 나타낸다.

· **설비투자지수** (기업투자 대체)
기업들의 자본지출을 반영하며, 경기확장의 주요 동력을 제공한다.

경제는 강한 수요에 힘입어 고도성장을 이루며 기업의 매출과 수익성이 최고조에 달한다. 기업들은 생산을 최대한으로 늘리고, 신사업과 설비투자 확대에 나선다. 고용시장은 강세를 보이며, 실업률은 낮은 수준을 유지한다. 노동시장이 타이트해지면서 임금상승 압력이 나타나고, 이는 소비자의 가처분소득 증가와 소비지출 활성화로 이어진다.

또한 경제 호조와 안정성에 대한 기대가 커지며 소비자 및 기업신뢰 지표가 상승, 추가적인 소비와 투자를 촉진한다. 다만 경제활동이 활발해짐에 따라 인플레이션 압력이 상승하고, 임금상승과 수요 증가가 비용 상승을 촉진할 수 있다.

주요 경제지표로는 고용보고서를 통해 신규 고용과 실업률 데이터를 분석해 노동시장의 강세를 확인할 수 있다. 소비자 신뢰지수는 경기확장세를 뒷받침하는 소비심리의 안정세를 나타낸다. 기업투자는 설비투자와 자본지출 증가를 통해 경제활황의 주요 원동력으로 작용한다.

표 49 여름 경제지표 분석 포인트

주요지표	이유	주요 분석 포인트
고용보고서	확장 국면에서 고용과 임금 증가 추세 확인	비농업 고용, 업종별 고용 변화, 임금상승률
소비자 신뢰지수	소비심리의 안정성과 확장 지속 가능성 평가	현재 상황·기대 지수, 대출 의향 변화
기업투자(CapEx)	기업의 설비투자와 연구개발 확대 여부로 경제 성장 지속성 평가	설비투자 증가율, 산업별 CapEx 성장률

표 50 여름에 보는 경제지표

경제지표	봄	여름	가을	겨울
산업생산지수	상승(↗)	완만 상승(→)	둔화(↘)	정체(↘)
ISM 제조업지수	상승(↗)	완만 상승(→)	둔화(↘)	하락(↘)
소매판매지수	상승(↗)	완만 상승(→)	둔화(↘)	감소(↘)
고용보고서	회복(↗)	강한 상승(↗)	둔화(→)	감소(↘)
소비자 신뢰지수	상승(↗)	안정(→)	둔화(↘)	하락(↘)
기업투자(CapEx)	초기 증가(↗)	강한 증가(↗)	둔화(→)	감소(↘)
소비자물가지수(CPI)	안정(→)	상승(↗)	정체(→)	하락(↘)
국채금리 스프레드	정상화(↗)	축소(→)	역전(↘)	좁아짐(↘)
재고지표	감소(↘)	증가(↗)	과잉(↗)	축소(↘)
신용스프레드	안정(→)	안정(→)	확대(↗)	급등(↗)
소비지출 감소율	낮음(→)	안정(→)	증가(↗)	급등(↗)
기업파산율	낮음(→)	낮음(→)	상승(↗)	급등(↗)

표 51 여름: 미국 경제지표 vs. 한국 경제지표

미국 경제지표

지표	발행 기관	발행 주기	지표 발표 날짜
고용보고서	U.S. Bureau of Labor Statistics (BLS)	월별	매월 중순
소비자 신뢰지수	The Conference Board	월별	매월 첫 영업일
기업투자(CapEx)	U.S. Bureau of Economics Analysis (BEA)	분기별	매월 중순

한국 경제지표

지표	발행 기관	발행 주기	지표 발표 날짜
고용동향	통계청	월별	매월 첫째 주
소비자심리지수	한국은행	월별	매월 마지막 주
설비투자지수	한국은행	월별	매월 중순

고용보고서 ─────────────────────────────────○

고용보고서Employment Report는 실업률, 고용성장률 등을 통해 경제활동의 활발함 정도를 측정하는 중요한 지표이다. 실업률이 낮을수록 경제가 활발함을 의미하며, 고용증가율이 높으면 경제가 성장 중임을 나타낸다.

이 지표는 일반적으로 동행지표로, 현재 경제상태를 반영하는 데 사용된다. 고용이 늘어나면 소비가 증가하고 경기확장으로 이어질 가능성이 크다. 반면 실업률이 너무 낮을 경우 임금상승 압력이 커져 인플레이션을 유발할 수 있다. 이러한 특성 때문에 중앙은행과 정부는 고용지표를 참고해 통화정책과 재정정책을 조정한다.

고용지표를 분석할 때는 실업률, 신규 일자리 수, 경제활동 참가율을 주요 체크포인트로 삼는다. 월별 고용보고서를 통해 노동시장의 강도를 분석하며, 민간부문과 공공부문 간 고용 변화를 평가하는 것도 중요하다.

구체적인 분석 방법으로는 비농업 신규 고용 데이터를 활용해 예상치 대비 실제 증가폭의 차이를 살펴본다. 평균 임금증가율 또한 중요한 요소로 전년 동기 대비 증가율이 3~4%를 넘어설 경우, 임금으로 인한 인플레이션 가능성을 고려해야 한다. 업종별 고용 변화를 분석하는 것도 유용한데, 서비스업(특히 레저 및 접객 분야)과 제조업의 고용 트렌드를 비교해 경제회복의 폭과 속도를 평가할 수 있다.

예를 들어, 비농업 신규 고용이 25만 명 증가했지만 평균 임금상승률이 5%에 달한다면, 이는 인플레이션 우려가 커졌음을 시사한다. 이러한 방식으로 고용보고서를 분석하면 현재의 경제 상태와 인플레이션 위험을 효과적으로 진단하고, 이에 따른 투자 및 정책 결정을 지원할 수 있다.

그림 4 고용보고서 분석

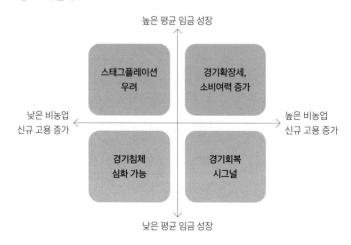

차트 13 비농업 취업자수(민간 전체)

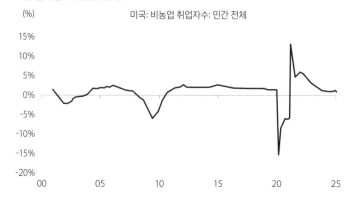

소비자 신뢰지수 ────────────────────── ○

소비자 신뢰지수Consumer Confidence Index는 소비자들이 경제상황을 어떻게 인식하고 있는지, 그리고 향후 경제에 대한 자신감을 측정하는 중요한 지표이다. 이 지표는 향후 6개월 간의 경기, 소득, 고용 전망에 대한 소비자의 기대를 반영한다.

자수의 상승은 소비와 고용 확대 기대를 반영하며, 경기회복의 초기에는 선행적 시그널로 작용할 수 있다. 소비자 신뢰지수는 선행지표로 신뢰지수가 높으면 소비자들은 향후 경제상황이 좋을 것이라고 믿고 지출을 늘릴 가능성이 크며, 이는 경기확장과 금리인상 가능성을 시사한다. 반대로 신뢰지수가 낮으면 소비자들은 지출을 줄이고 경기둔화와 금리인하를 예상하게 된다.

소비자 신뢰지수를 분석할 때는 소비자 지출 의향과 현재 및 미래 기대지수 간의 격차를 체크하는 것이 중요하다. 분석 방법으로는 지수를 세분화하여 기대 심리가 실질 소비로 이어질 가능성을 점검하는 것이 핵심이다. 예를 들어, 현재 상황 지수를 통해 소비자들이 현재 경제를 어떻게 평가하는지 확인할 수 있으며, 기대 지수는 향후 6개월 이후 경제전망을 비교하는 데 유용하다. 또한 대출 의향 변화도 중요한 분석 포인트로 신용카드 사용 증가나 부채 확대 경향을 확인함으로써 소비자의 경제적 신뢰도를 더 잘 이해할 수 있다.

그림 5 소비자 신뢰지수 분석

차트 14 미시간대 소비자 신뢰지수

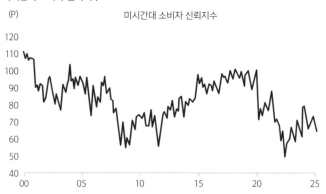

기업투자 ───○

기업투자Corporate Investment는 기업들이 기계, 건설, 설비 등을 새로 구매

하거나 확장하는 데 투자한 금액을 의미한다. 경제가 성장한 후 기업들

은 설비투자를 늘리는 경향이 있으며, 이는 경기확장의 중요한 신호로 해석된다. 기업들이 미래 성장을 위해 투자를 늘리면 이는 향후 경제성장을 예고할 수 있지만, 기업투자는 주로 경제가 일정 수준 성장하고 난 뒤에 증가하는 경향이 있다. 따라서 기업투자는 후행지표로 분류되며, 이미 경제가 호황을 경험한 후 나타나는 경우가 많다. 중앙은행과 정책당국은 이를 바탕으로 기업의 투자심리를 진단하고, 경기 사이클의 끝자락에 있는지 여부를 파악할 수 있다.

기업투자를 분석할 때 중요한 체크 포인트는 신규 투자계획과 투자증가율이다. 기업실적 보고서나 산업별 투자데이터를 통해 투자 확대 여부를 파악할 수 있으며, 특히 설비투자 증가율을 구체적으로 살펴볼 필요가 있다. 예를 들어, 경기확장기에는 GDP 대비 설비투자 비중 상승이 동반되는 경향이 있다.

또한 CapEx^{Capital Expenditure} 데이터, 특히 S&P500 기업의 CapEx 성장률을 분석하여 기업들의 자본지출 추이를 파악하는 것도 유용하다. 산업별 투자집중도 또한 중요한 지표로, 기술, 에너지, 제조업 등의 분야에 투자가 집중되고 있는지 평가할 수 있다. 예를 들어, 기업들이 연구개발이나 설비확장에 자금을 투입하면, 이는 경기확장세가 지속될 가능성을 높여주는 신호로 해석할 수 있다.

그림 6 기업투자 분석

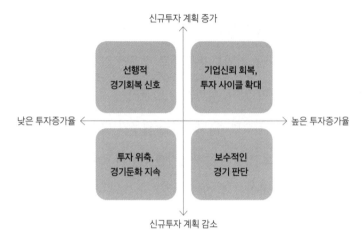

차트 15 고정투자 전기비

가을에 보는
경제지표

가을은 경기확장이 정체되고 긴축 신호가 나타나는 시기로, 주요 경제지표가 둔화하거나 역전되는 경향을 보인다. 주목할 경제지표로는 소비자물가지수CPI, 국채금리 스프레드, 재고지표가 있다.

가을, 수출과 재고로 긴축 신호를 관찰하는 한국 경제지표

· **수출입동향** (소비자물가지수 보완)

한국은 수출의존도가 높으므로 수출 증가율과 무역수지가 둔화되면 가을의 신호로 해석할 수 있다.

· **국채금리 스프레드** (유지)

단기와 장기 국채금리의 차이를 통해 경기침체 가능성을 예측할 수 있다.

· **재고지표** (제조업 중심)

제조업의 재고가 쌓이는 현상은 수요 감소와 경기둔화를 반영하므로, 한국에서도 중요한 지표로 활용된다.

가을은 경기둔화의 시그널이 드러나면서 소비가 위축되고 경제전망에 대한 불안감이 커진다. 소비자들은 지출을 줄이기 시작하고, 이는 민간 소비 항목에 부정적인 영향을 미쳐 GDP 성장에 차질을 초래한다. 경기 과열 가능성이 낮아지는 것과 함께 공급이 수요를 초과하면서 물가상승 압력은 억제된다.

이때 주목할 경제지표로는 소비자물가지수[CPI]가 있다. 소비자물가지수의 상승 속도가 둔화되거나 전고점보다 낮아지면 경기둔화의 신호로 해석된다. 국채금리 스프레드에서는 장기금리가 단기금리보다 낮아지는 '금리 역전 현상'이 발생하면 경기침체의 신호로 해석된다. 또한 재고지표에서는 기업들이 재고를 축적하는 정도를 파악한다. 재고가 늘어나는 것은 수요 감소 가능성을 보여주는 것이기 때문에 경기둔화를 예고한다.

표 52 가을 지표 분석 포인트

주요지표	이유	주요 분석 포인트
소비자물가(CPI)	물가상승세 지속 여부로 긴축정책 필요성 평가	근원 CPI 상승률, 항목별 기여도, 월별 증가율
국채금리 스프레드	경기둔화 및 침체 신호 확인	10년-2년 스프레드, 금리 역전 지속 기간, 단기금리 방향성
재고지표	수요둔화 및 과잉재고 신호 확인	재고/출하 비율, 업종별 재고 변화

표 53 가을에 보는 경제지표

경제지표	봄	여름	가을	겨울
산업생산지수	상승(↗)	완만 상승(→)	둔화(↘)	정체(↘)
ISM 제조업지수	상승(↗)	완만 상승(→)	둔화(↘)	하락(↘)
소매판매지수	상승(↗)	완만 상승(→)	둔화(↘)	감소(↘)
고용보고서	회복(↗)	강한 상승(↗)	둔화(→)	감소(↘)
소비자 신뢰지수	상승(↗)	안정(→)	둔화(↘)	하락(↘)
기업투자(CapEx)	초기 증가(↗)	강한 증가(↗)	둔화(↘)	감소(↘)
소비자물가지수(CPI)	안정(→)	상승(↗)	정체(→)	하락(↘)
국채금리 스프레드	정상화(↗)	축소(→)	역전(↘)	좁아짐(↘)
재고지표	감소(↘)	증가(↗)	과잉(↗)	축소(↘)
신용스프레드	안정(→)	안정(→)	확대(↗)	급등(↗)
소비지출 감소율	낮음(→)	안정(→)	증가(↗)	급등(↗)
기업파산율	낮음(→)	낮음(→)	상승(↗)	급등(↗)

표 54 가을: 미국 경제지표 vs. 한국 경제지표

미국 경제지표

지표	발행 기관	발행 주기	지표 발표 날짜
소비자물가지수	U.S. Bureau of Labor Statistics (BLS)	월별	매월 중순
국채금리 스프레드	U.S. Department of the Treasury	실시간	실시간
재고지표	U.S. Census Bureau	월별	매월 말

한국 경제지표

지표	발행 기관	발행 주기	지표 발표 날짜
수출입동향	한국무역협회	월별	매월 중순
국채금리 스프레드	한국은행	월별	매월 마지막 주
재고지표	한국은행	월별	매월 중순

소비자물가지수 ───────────────────○

소비자물가지수^{CPI}는 소비자가 구매하는 상품과 서비스의 가격변동을 측정하는 지표로 물가상승의 정도를 나타낸다. 경제활동이 증가하면 물가가 상승하는 경향이 있어 소비자물가지수는 후행지표로 분류된다.

경제성장이 지속되고 소비가 증가하면 물가상승 압력이 커지며, 중앙은행은 소비자물가지수를 기반으로 금리정책을 조정한다. 만약 인플레이션이 높아지면 중앙은행은 금리인상을 통해 이를 억제하려 하며, 물가가 하락하면 디플레이션 위험이 커지므로 금리인하와 같은 완화적 정책이 필요할 수 있다. 소비자물가지수는 채권투자자들이 인플레이션 위험을 관리하는 데 중요한 역할을 한다.

소비자물가지수를 분석할 때 중요한 체크포인트는 헤드라인 인플레이션과 근원 인플레이션 간의 격차이다. 이를 분석하는 방법으로는 월별 데이터를 통해 서비스와 상품 부문별 물가상승 기여도를 평가하는 방식이 있다. 예를 들어, 헤드라인 CPI와 근원 CPI를 비교하여, 에너지와 식품을 제외한 근원 CPI가 상승세라면 구조적인 인플레이션 위험이 있다고 판단하는 것이다. 또한 항목별 기여도를 분석하여 주거비나 의료비 상승률이 주요 요인인지 확인하는 것도 중요하다. 월별 증가율^{MoM}도 중요한 분석 지표로 만약 월별 증가율이 0.5% 이상이라면 인플레이션 압박이 지속되는 신호로 해석된다.

그림 7 소비자물가지수 분석

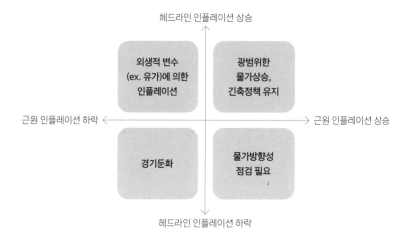

차트 16 소비자물가지수 전년비

국채금리 스프레드 ○

국채금리 스프레드Yield Spread는 장기금리와 단기금리의 차이를 나타내는 지표로 미래의 경기 방향을 예측하는 데 활용된다. 특히 장단기 금리차는 경기침체 가능성을 예고하는 중요한 기준이 된다. 국채금리 스프레드는 선행지표로 장단기 금리차가 클수록 경제성장 및 물가상승 압력이 높고, 금리차가 좁혀지거나 역전되면 경기침체 신호로 해석된다. 장단기 금리차는 중앙은행의 통화정책에 영향을 주며, 투자자들은 이를 활용해 경기전환 시점을 미리 포착할 수 있다.

국채금리 스프레드를 분석할 때 중요한 체크포인트는 10년물과 2년물 금리의 역전 여부이다. 10년물과 2년물 국채금리의 스프레드가 0% 이하로 떨어지면 경제침체 가능성을 경고하는 신호로 해석할 수 있다. 또한 금리 역전이 6개월 이상 지속되면 높은 침체 위험을 나타내며, 단기금리의 지속적인 상승은 시장의 유동성 부족 가능성을 나타낸다.

그림 8 **국채금리 스프레드 분석**

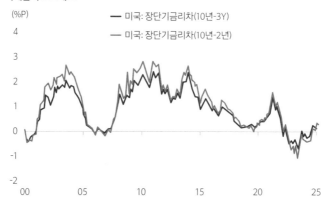

차트 17 국채금리 스프레드

(%P)

— 미국: 장단기금리차(10년-3Y)
— 미국: 장단기금리차(10년-2년)

재고지표

재고지표Inventory Levels는 기업들이 보유한 상품의 양을 나타내며, 생산과 소비의 불균형을 반영한다. 재고가 과잉일 경우 수요 감소를, 재고가 줄어들면 수요 증가를 시사한다. 재고 변화는 향후 생산조정 방향을 미리 예측할 수 있는 선행지표로 활용된다. 과잉재고는 기업들이 생산을 줄이게 만들며, 이는 경제성장 둔화의 신호가 될 수 있다. 반대로 재고가 줄어들면 생산활동이 증가하며 경기확장이 예고된다. 중앙은행은 재고 흐름을 감안하여 통화정책 기조를 조정하기도 하며, 투자자들은 제조업 관련 투자결정을 내리는 데 참고할 수 있다.

재고지표를 분석할 때 중요한 체크포인트는 재고 증가율과 재고/출하 비율이다. 이를 구체적으로 분석하기 위해 재고/출하 비율을 확인하고, 이 비율이 1.3~1.5를 넘으면 수요둔화의 신호로 해석할 수 있다. 또한 재고/

출하 비율이 전월 대비 급격히 상승하면, 이는 과잉공급 가능성을 나타

내는 경고 신호로 해석된다. 업종별로는 자동차나 가전제품과 같은 내구

재 중심으로 재고 증가 여부를 파악하는 것이 중요하다.

그림 9 재고지표 분석

차트 18 재고/출하 비율 전년비

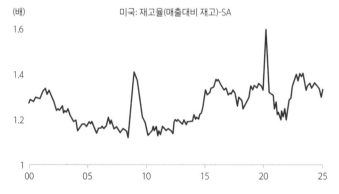

겨울에 보는
경제지표

겨울은 본격적인 침체 국면으로, 대부분 경제지표가 급격한 하락 또는 급등을 보인다. 주목할 경제지표로는 회사채 신용스프레드, 소비지출 감소율, 기업파산율이 있다.

겨울, 위험신호와 경기위축을 관찰하는 한국 경제지표

· **가계부채비율 및 신용위험지수** (신용스프레드 대체 또는 보완)
  한국은 가계부채 비중이 세계적으로 높은 나라 중 하나로 가계부채 동향 및 신용위험을 통해 금융시장 불안정성을 평가한다.

· **소비지출 감소율** (유지)
  소비 동향에서의 급격한 감소는 경제침체를 나타내는 핵심 지표로 사용된다.

· **기업부도율 및 한계기업 비중** (기업파산율 대체)
  한국은행 및 금융감독원에서 발표하는 한계기업(이자보상배율 1 미만)의 비중이나 기업부도율을 통해 경기악화의 정도를 측정할 수 있다.

겨울은 경기침체가 깊어지면서 실업률이 증가하고 경제불확실성이 커지는 모습을 보인다. 소비자 신뢰가 약화되어 소비자들은 지출을 줄이게 되며, 이는 경기위축을 더욱 가속화한다. 인플레이션은 둔화되거나 디플레이션 우려가 커지며, 수요 부족으로 가격 상승이 억제된다. 이러한 현상은 기업의 수익성에 부정적인 영향을 미친다.

주요 경제지표로는 신용스프레드가 있다. 신용위험이 커지면 회사채 금리가 급등하며, 이는 경기침체가 심화될 수 있음을 시사한다. 또한 소비지출 감소율은 소비자들의 지출이 급감하는 경향을 보인다. 현금흐름이 악화되면 기업들의 파산 위험도 함께 증가한다. 이러한 지표들은 경제가 본격적인 침체 국면에 접어들었음을 경고하는 중요한 신호들이다.

표 55 겨울 경제지표 분석 포인트

주요지표	이유	주요 분석 포인트
신용스프레드	신용시장 긴장과 리스크 증가 확인	하이일드-국채 스프레드, BBB 등급 금리, 디폴트율
소비지출 감소율	소비심리 위축과 경기침체 심화 평가	필수소비재 감소율, 저축률 변화
기업파산율	경기침체의 직접 증거	전체 기업 대비 파산 비율, 업종별 파산 증가 속도

표 56 겨울에 보는 경제지표

경제지표	봄	여름	가을	겨울
산업생산지수	상승(↗)	완만 상승(→)	둔화(↘)	정체(↘)
ISM 제조업지수	상승(↗)	완만 상승(→)	둔화(↘)	하락(↘)
소매판매지수	상승(↗)	완만 상승(→)	둔화(↘)	감소(↘)
고용보고서	회복(↗)	강한 상승(↗)	둔화(→)	감소(↘)
소비자 신뢰지수	상승(↗)	안정(→)	둔화(↘)	하락(↘)
기업투자(CapEx)	초기 증가(↗)	강한 증가(↗)	둔화(→)	감소(↘)

소비자물가지수(CPI)	안정(→)	상승(↗)	정체(→)	하락(↘)
국채금리 스프레드	정상화(↗)	축소(→)	역전(↘)	좁아짐(↘)
재고지표	감소(↘)	증가(↗)	과잉(↗)	축소(↘)
신용스프레드	안정(→)	안정(→)	확대(↗)	급등(↗)
소비지출 감소율	낮음(→)	안정(→)	증가(↗)	급등(↗)
기업파산율	낮음(→)	낮음(→)	상승(↗)	급등(↗)

표 57 겨울: 미국 경제지표 vs. 한국 경제지표

미국 경제지표

지표	발행 기관	발행 주기	지표 발표 날짜
신용스프레드	Federal Reserve, Bloomberg	실시간	실시간
소비지출 감소율	U.S. Bureau of Economic Analysis (BEA)	월별	매월 말
신용부도스와프 (CDS)	Markit, ICE, Bloomberg	Markit, ICE, Bloomberg	Markit, ICE, Bloomberg

한국 경제지표

지표	발행 기관	발행 주기	지표 발표 날짜
가계부채비율	한국은행	분기별	분기 말
신용위험지수	한국신용평가	월별	매월 중순
소비지출	통계청	월별	매월 중순
기업부도율	한국신용정보	월별	매월 중순
한계기업 비중	한국은행	분기별	분기 말

신용스프레드 ────────────────────── ○

신용스프레드Credit Spread는 고수익 채권(하이일드 채권)과 안전자산인 국채 간의 금리 차이를 나타내는 지표로 신용시장의 긴장도를 반영한다. 이 지표는 시장위험을 예고하는 중요한 선행지표로 활용된다. 신용스프 레드가 확대된다는 것은 시장의 리스크가 증가한다는 의미로 경기침체의 신호일 수 있다. 예를 들어, 하이일드 채권의 스프레드가 4%를 넘어서면 신용시장에 긴장이 고조되는 신호로 해석된다. 또한 BBB 등급 회사채 금리가 상승하거나 디폴트율이 증가하는 경우도 신용시장 불안의 징후로 볼 수 있다.

분석 방법으로는 주요 신용 등급별 스프레드 추이를 분석해 시장의 리스크 수준을 평가하고 회사채 금리의 변화 등을 살펴본다. 특히 하이일드 스프레드가 5%를 초과하고 BBB 등급 회사채 금리가 함께 상승하면 신용위험이 커졌다는 신호로, 리스크 회피 전략이 요구된다. 디폴트율 증가 속도도 중요한 지표로 하이일드 채권의 디폴트율이 빠르게 증가하면 시장의 불안정성이 커질 수 있다. 이러한 신용스프레드의 변화를 통해 투자자들은 경기침체의 가능성을 예측하고 신용위험을 관리할 수 있다.

그림 10 **신용스프레드 분석**

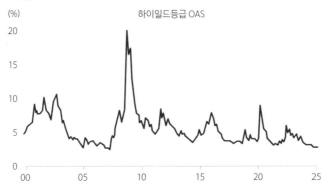

차트 19 하이일드 스프레드

(%)　　　　　　　　　하이일드등급 OAS

실질 소비지출 감소율 ──────────────────────────── ○

실질소비지출Real PCE은 물가상승을 반영한 소비자들의 실제 소비 금액을 측정하는 지표로 경제활동의 중요한 요소인 소비를 나타낸다. 실질소비지출은 동행지표로 소비자들이 얼마나 지출하는지를 보여준다. 소비지출이 증가하면 경기가 확장 중임을 의미하며, 기업의 수익 증대와 고용 확대를 기대할 수 있다. 반대로 소비지출이 줄어들면 경기둔화와 경기침체가 예고될 수 있다. 정부와 중앙은행은 이를 통해 재정정책과 통화정책을 조정하며, 기업들은 소비 수요를 예측하는 데 활용한다.

소비지출 감소는 경기침체의 직접적인 신호로 작용하며, 분석 시에는 소비 감소의 지속성과 필수소비재의 감소 여부를 체크해야 한다. 필수소비재가 감소하면 실질 소비 여력이 약화된 것으로, 선택소비재 지출이 필수소비재보다 더 빠르게 감소하면 소비자 심리가 위축된 상태임을 알 수 있다. 또한 저축률 급등은 소비심리가 급격히 위축된 신호로 해석된다. 예를 들어, 필수소비재의 감소율이 3%를 기록하면 경기침체가 이미 진행 중일 가능성이 높다.

그림 11 소비지출 분석

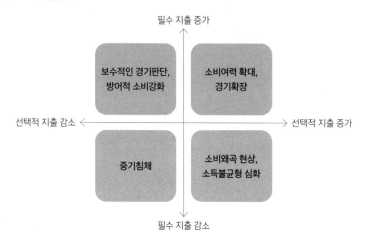

차트 20 실질소비지출 전년비

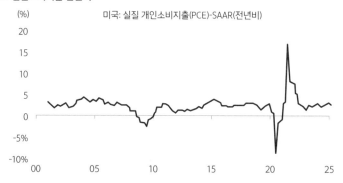

기업파산율 ───────────────────────────○

기업파산율Corporate Bankruptcy Rate은 기업들이 법원에 파산을 신청하는 비율로 경제 상태와 기업 경영의 건전성을 반영한다. 기업파산율의 증가는 경기침체의 후행적 신호로 작용하며, 이는 경제가 이미 둔화되고 있음을 나타낸다. 파산율의 증가 속도와 업종별 파산 비율을 체크하는 것이 중요하다. 기업파산율이 1%를 초과하면 경제위축의 신호로 해석할 수 있으며, 특히 파산 증가율이 분기 기준 20%를 넘으면 경기침체가 심화될 가능성이 크다.

분석 시에는 법원 자료와 산업별 보고서를 통해 위기의 범위를 측정해야 한다. 업종별로는 내구재, 에너지, 금융 등 특정 산업군에서 파산율 증가 여부를 파악하는 것이 중요하다. 예를 들어, 에너지 업종에서 파산율이 15%에 달하면 해당 산업군에 대한 리스크 점검 및 선제적 대응이 요구된다.

그림 12 **기업파산율 분석**

차트 21 파산신청 기업수 전년비

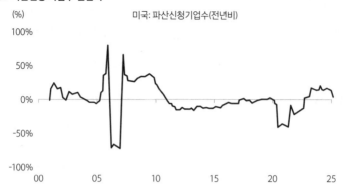

9

금리 분석
실전 프레임워크

단기금리와 장기금리
예측의 핵심

금리는 경제의 흐름을 이해하는 강력한 도구이다. 금리는 단순한 금융지표가 아니라, 경제 전반에 걸친 수급, 심리, 정책 방향을 동시에 담고 있는 언어이기에 금리를 체계적으로 분석하고 예측할 수 있다면, 개인은 물론 기업과 국가에 이르기까지 변화에 앞서 준비할 수 있는 힘을 갖추게 된다.

이번 챕터에서는 누구나 쉽게 실천할 수 있도록 단순화하고 본질에 집중한 4단계 금리 분석 프로세스를 제시한다. 채권 애널리스트로 근무하며 수많은 데이터를 다뤄본 경험을 바탕으로, 모든 경제주체가 금리분석을 직접 활용할 수 있도록 체계적으로 정리했다.

첫 번째 단계는 단기금리 전망 분석으로 중앙은행의 정책 기조와 단기자금 시장의 움직임을 바탕으로 금리의 근시적 흐름을 파악한다. 두 번째 단계인 장단기 금리차 분석에서는 수익률곡선이 전하는 메시지를 통해 경기 사이클의 전환 가능성을 읽는다. 세 번째 실질 M2 증가율 분석은 유동성의 변화를 추적하며 통화공급이 금리와 경제에 미치는 영향을 탐구한다. 네 번째 단계에서는 앞서 얻은 정보를 종합하여 금리전망을 도출하고, 마지막으로 지속적인 업데이트 및 모니터링을 통해 변화하는 환경에 유연하게 대응하는 법을 다룬다.

이 챕터에서는 금리를 통해 미래를 내다보는 안목을 키우고, 실질적이고 실행가능한 전략을 제시한다. 이제 금리라는 도구를 통해 경제와 시장의 움직임을 자신 있게 예측하고, 그 변화 속에서 기회를 발견할 준비를 시작하자.

단기금리 전망

단기금리 전망 프로세스

단기금리 전망 프로세스에서는 중앙은행의 금리정책을 바탕으로 단기금리의 전망을 설정하는 것을 목표로 한다. 이 과정은 크게 네 개의 하위 단계로 나눠지며, 각 단계를 통해 향후 단기금리의 방향성을 예측한다.

중앙은행 정책 발표 분석

중앙은행의 금리정책 발표와 관련된 모든 정보를 분석한다. 주요 중앙은행인 연방준비제도, 유럽중앙은행 등의 금리 결정과 관련된 회의록과 발표 내용을 면밀히 검토한다. 예를 들어, 연방공개시장위원회FOMC 회의에서 금리 결정에 대한 주요 논의를 확인하고, GDP 성장률, 고용지표, 물가상승률에 대한 중앙은행의 판단을 점검한다.

경제지표 점검

고용지표, 물가지표, 성장지표, 심리지표 등을 체크하여 금리의 상승 요인과 하락 요인을 비교한다. '8장 경제지표로 금리의 흐름 읽기'를 참고하면 경제지표와 금리의 관계를 더욱 정확히 판단할 수 있다.

금리 선물시장 분석

금리 선물을 활용하여 시장에서 예상되는 금리 변화를 추적한다. 연방금리선물Fed Fund Futures 같은 선물시장의 가격변동을 살펴보거나, 시카고 선물거래소의 페드워치CME Fed Watch를 참고하여 시장참가자들이 가격에 반영하는 금리인상·인하 확률을 확인할 수 있다. 이를 통해 향후 금리 변화 가능성에 대한 실시간 정보를 얻고 예측 시나리오에 반영한다.

단기금리 전망 설정

중앙은행 정책과 경제지표를 종합적으로 고려하여 향후 6~12개월 동안의 단기금리를 예측한다. 금리인상, 금리동결, 금리인하 등 각 시나리오에 따른 경제적 영향을 분석하고, 이를 기반으로 금리전망을 설정한다.

표 58 단기금리 전망 체크리스트

항목	내용/지표	설명
1단계: 중앙은행 정책 발표 분석		
중앙은행 정책 발표	금리인상/동결/인하 결정	주요 중앙은행의 정책 발표와 회의록에서 금리 방향성을 파악
경제전망 및 판단	GDP 성장률, 고용, 물가전망	중앙은행이 경제 전반에 대해 내리는 평가를 분석하여 정책 배경 이해
통화정책 스탠스	긴축적, 중립적, 완화적	정책 기조의 변화 여부를 확인하여 시장에 미치는 영향을 예측
발언 및 신호	중앙은행 주요 인사의 코멘트	금리 방향성을 암시하는 발언과 언론 인터뷰를 점검
2단계: 경제지표 점검		
고용지표	실업률, 비농업 고용지표, 임금상승률	노동시장의 강세/약세가 금리 변화에 미치는 영향을 분석
물가지표	소비자물가, 근원물가, 개인소비지출	소비자물가 및 근원물가 상승률 추이를 통해 금리정책의 필요성 평가
성장지표	GDP 성장률, 산업생산지수, 소매판매	실물경제 활동의 강도 및 수요 회복 수준을 확인
심리지표	PMI, 소비자 신뢰지수	경제주체들의 심리 변화가 소비 및 투자 활동에 미치는 영향을 분석
3단계: 금리 선물시장 분석		
금리 선물 시장	연방금리선물	금리 선물가격 변동으로 시장의 수급 변화 및 금리전망을 추적
시장 기대치	페드워치	시장참가자들의 금리인상/인하 확률 전망을 활용하여 정책 변화 가능성을 판단
채권시장 지표	국채금리, 장단기 금리차	단기국채 금리 및 장단기 금리 스프레드로 경기 신호를 평가
금융 스트레스 지수	금융상황지수(FCI)	금융시장 안정성 및 신용 여건 변화를 점검
4단계: 단기금리 전망 설정		
시나리오 구축	금리인상, 동결, 인하 시나리오	각각의 시나리오에 따른 경제 및 시장 영향을 평가
	금리인상의 경제적 영향 점검	금리가 인상되면 대출 비용 증가, 소비와 투자의 위축, 기업의 수익성 감소 등으로 주식시장에 부정적
		금리인상으로 물가하락(디플레이션)을 초래

	금리인하의 경제적 영향 점검	금리가 인하되면 대출비용이 줄어들고 소비와 투자가 촉진되어 경제성장에 긍정적
종합 평가 및 전망	6개월~12개월 동안의 금리전망 설정	중앙은행 정책, 경제지표, 금융시장 분석 결과를 종합하여 단기금리 방향성을 예측

추가 체크 포인트

지정학적 리스크	지정학적 리스크, 글로벌 무역 이슈 등	경제 및 금리에 영향을 미치는 외부 리스크를 반영
유동성 공급/ 축소 정책	중앙은행의 자산 매입/ 매도 프로그램	통화정책 외 유동성 변화가 금리 방향에 미치는 영향을 평가
채권 발행 계획	만기별 채권발행 규모 확인	채권시장의 수요/공급의 변동 요인을 평가
재정정책 스탠스	긴축적, 중립적, 완화적	정책 기조의 변화 여부를 확인하여 시장참여자 심리 및 채권발행에 미치는 영향 예측

단기금리 해석의 주의사항

단기금리는 경기 상황에 대한 중요한 신호를 제공하며, 중앙은행이 경기 과열을 억제하거나 침체를 완화하기 위해 사용하는 강력한 정책 수단이다. 특히 단기금리 상승은 대출비용 증가와 투자 및 소비 둔화로 이어질 수 있어 경기둔화의 신호로 작용할 가능성이 높다.

중앙은행은 경기과열 시에 금리를 인상하여 유동성을 흡수하고 인플레이션을 억제한다. 기업과 가계는 차입비용이 증가해 투자를 줄이게 되며, 경기과열을 진정시키고 경제성장 속도는 둔화된다.

1990년대 후반과 2000년대 중반에 걸쳐 연준이 지속적으로 금리를 인상하자, 자금조달 비용이 증가하고 소비 및 기업투자가 위축되면서 결국 경기침체가 발생했다. 특히 2004~2006년 사이 연준이 기준금리를 연속적으로 인상했을 때, 주택시장과 기업대출이 크게 둔화되었고 이는 2008년 금융위기의 전조가 되었다.

반면, 경기침체 시에는 금리를 인하하여 유동성을 공급하고 소비와 투자를 견인한다. 기업과 가계는 차입을 늘려 생산과 소비를 늘리고, 그 결과 성장이 촉진된다. 따라서 단기금리의 변동은 향후 경제의 방향성을 예측할 수 있는 중요한 선행지표이다.

이렇듯 단기금리는 통화정책과 유동성을 통해 기업과 가계의 금융 여건에 즉각적인 영향을 미치므로 신중한 해석이 필요하다. 단기금리로 경기의 정확한 방향을 예측하기 위해서는 외부 충격 및 정책 조정의 시차 효과를 감안한 종합적인 분석이 필요하다.

첫째, 단기금리 상승과 경기둔화의 시차

단기금리는 경기의 선행지표로 작용하지만, 그 효과가 나타나기까지 시차가 존재한다. 연준이 금리를 인상한 이후 금융기관들이 대출금리를 조정하고, 기업과 가계의 자금운용에 변화가 생기기까지는 수개월의 시간이 걸린다. 예를 들어, 2015년부터 2018년까지 연준이 단계적으로 금리를 인상했지만, 경기둔화가 본격화된 것은 2019년 이후였다. 이는 단기금리가 경제에 미치는 파급효과가 즉각적으로 나타나기보다는, 경제 여건에 따라 정책 효과가 지연될 수 있음을 시사한다.

또한 단기금리 상승이 반드시 경기침체로 이어지는 것은 아니다. 단기금리가 인상되더라도, 고용과 소비가 강력하면 단기 충격은 흡수될 수 있다. 예를 들어, 2022년 미국에서 연준의 공격적인 금리인상이 있었으나, 소비와 고용시장의 강세로 경기침체가 즉각적으로 발생하지 않았다.

둘째, 단기금리의 외부적 영향

단기금리는 통상적으로 중앙은행의 정책적 결정에 의해 조정되지만, 때때로 외부요인에 의해서도 영향을 받을 수 있다. 예를 들어, 글로벌 금융위기나 유가 급등과 같은 외부 충격이 발생할 경우, 중앙은행이 예상치 못하게 급격한 금리인하나 인상을 단행하기도 한다. 이는 경기 상황에 비해 금리 조정이 빠르게 이루어지는 경우가 많아 단기금리와 경기 사이의 관계가 왜곡될 수 있다.

특히, 팬데믹과 같은 예외적 상황에서는 중앙은행이 긴급조치를 통해 단기금리를 급격히 낮추면서 유동성을 공급했음에도 경제의 실물 활동이 위축되어 단기금리의 인하가 즉각적인 경기회복으로 이어지지 않았다. 이처럼 외부적 요인들이 금리와 경기 사이의 상관관계를 약화시키는 변수로 작용할 수 있다.

장단기 금리차 분석

장단기 금리차 분석 프로세스

장단기 금리차는 경기를 예측하는 중요한 신호로 사용되며, 특히 미국채 3개월물/10년물 금리차가 경기침체와 강하게 연관되어 있다는 사실이 최근 연구를 통해 밝혀졌다. 일반적으로 장기금리는 미래의 경제성장과 인플레이션에 대한 시장의 기대를 반영하며, 단기금리는 현재의 통화정책을 반영한다. 따라서 수익률곡선과 장단기 금리차(스프레드)를 분석하는 것은 경기 국면을 판단하고, 향후 금리 변화의 방향성을 예측하는 데 중요한 역할을 한다.

수익률곡선 분석

장기금리는 인플레이션 기대, 경제성장률 전망, 시장의 기대, 투자자 심리, 국제 경제 등에 의해 영향을 받는다. 이들 요인이 상호 작용하면서 장기금리는 변동하며, 이로 인해 수익률곡선도 달라진다. 경제성장률이 높거나 인플레이션 기대가 상승하는 경기확장기에는 수익률곡선의 기울기가 가파르게 변한다. 이는 장기금리가 단기금리보다 훨씬 더 빠르게 상승하기 때문이다. 반대로 성장이 둔화되거나 인플레이션 기대가 낮아지는 경기둔화기에는 수익률곡선은 평평해지거나 역전될 수 있다. 따라서 투자자들은 수익률곡선에 영향을 주는 요인들을 분석하고, 수익률곡선의 변화를 분석하여 장기금리를 예측할 수 있다.

금리 스프레드 분석

장기금리(10년물 국채금리)와 단기금리(2년물 국채금리) 또는 초단기금리(3개월물)의 차이를 확인한다. 장단기 금리차가 축소되면 경기둔화가 예고되며, 역전 현상은 경기침체를 예고하는 지표로 활용된다. 장단기 금리차가 확대되면 경기확장의 신호로 해석된다.

금리 스프레드의 변화 추이를 분석하여 시장의 향후 금리전망을 파악한다. 스프레드가 축소되거나 역전되면 시장은 경기침체를 예상하고 있는 것이다. 이러한 스프레드 변화는 시장위험이나 인플레이션을 반영하므로 금리 스프레드의 변동성을 주의 깊게 살펴본다.

금리차 변화에 따른 투자전략 조정

금리차가 확대되는 경우, 경기확장 국면에 적합한 경기민감 산업(산업재, 금융 등)로의 투자 확대를 고려한다. 금리차가 축소되거나 역전되는 경우, 경기방어적 산업(소비재, 헬스케어 등)으로의 투자 비중을 높여 리스크를 관리한다.

표 59 장기금리 전망 체크리스트

항목	내용/지표	설명
1단계: 수익률곡선 분석		
장기금리	10년물 국채금리	장기 경제성장 및 인플레이션 기대치를 반영하는 금리를 확인
단기금리	2년물 국채금리 또는 3개월물 국채금리	단기 중앙은행 정책 및 경제전망을 반영하는 금리를 확인
수익률곡선	만기별 국채금리를 연결한 선	수익률곡선의 기울기 변화를 점검하여 경제가 확장 국면인지, 둔화세인지 판단
2단계: 금리 스프레드 분석		
장단기 금리차	10년물-2년물 스프레드, 10년물-3개월물 스프레드	금리 스프레드 수준으로 경기 국면 및 침체 가능성을 평가
스프레드 변화 추이	최근 3개월, 6개월, 1년 동안의 스프레드 추이	금리 스프레드가 축소, 확대, 역전되는 경향을 분석하여 경기 사이클을 판단
시장 신호	경기침체 예고 (스프레드 축소/역전), 경기확장 신호 (스프레드 확대)	금리 스프레드의 움직임과 시장의 경제전망을 연결

스프레드 변동성	스프레드의 변동 폭 및 빈도	시장 불안정성 및 금리전망의 불확실성을 반영하는 지표로 활용
인플레이션 신호	금리 스프레드와 물가상승률 (CPI, PCE) 간의 관계	금리 스프레드 변화가 인플레이션 기대치와 연계되는지 평가
3단계: 금리차 변화에 따른 투자전략 조정		
경기확장 시 투자전략	산업재, 금융, IT, 단기채권	금리차가 확대되는 국면에서는 경기민감 산업에 투자 비중 확대
경기둔화 시 투자전략	필수소비재, 헬스케어, 유틸리티, 장기채권	금리차가 축소/역전되는 국면에서는 경기방어적 산업으로 포트폴리오 조정
추가 체크 포인트		
중앙은행 정책 방향성	금리인상/인하, 양적완화/ 긴축 정책	중앙은행의 정책 변화가 금리 스프레드에 미치는 영향을 반영
지정학적 리스크	지정학적 이슈(전쟁, 무역 분쟁)	글로벌 경제환경이 금리 스프레드 변화에 미치는 영향을 평가
글로벌 금리 연계성	주요국 장단기 금리차 (미국, 유럽, 일본 등)	글로벌 금리 차이가 국내 금리 및 경기 국면에 미치는 영향을 분석

수익률곡선 해석의 주의 사항

수익률곡선과 장단기 금리차는 중요한 지표지만, 이를 해석할 때는 여러 외부요인과 경제 전반의 상황을 함께 고려해야 한다. 기울기만으로 경기를 예단하거나, 금리차의 변화를 단기적 경고로 해석하는 것은 위험하다. 경제성장, 중앙은행 정책, 인플레이션 기대, 국제 경제 등 다양한 요인이 복합적으로 영향을 미치기 때문에 종합적인 분석이 필요하다.

첫째, 기울기만으로 단기적 예측을 하기 어려움

수익률곡선의 기울기가 경제성장 전망이나 금리정책을 예측하는 데 유용하지만, 기울기만으로 장기적인 경제흐름을 단기적으로 예측하는 것은 위험할 수 있다. 예를 들어, 수익률곡선이 평평하거나 역전되었을 때 경기침체가 반드시 발생하는 것은 아니며, 중앙은행의 정책, 글로벌 경제 변화, 인플레이션 압력 등 외부요인들이 영향을 미칠 수 있다.

둘째, 수익률곡선 역전이 항상 경기침체를 의미하지 않음

수익률곡선이 역전되는 경우 과거에는 경기침체를 예고한다고 해석되었지만, 이는 항상 그렇지 않다. 역전된 수익률곡선이 실제로 경기침체로 이어지지 않을 수도 있으며, 이는 중앙은행의 금리인상이나 다른 거시경제적 변수들이 예상보다 강하게 작용할 때 발생할 수 있다. 따라서 역전된 수익률곡선만으로 경기침체를 예단하는 것은 위험하다.

장단기 금리차 해석의 주의 사항

첫째, 장단기 금리차의 변화가 빠르게 반영되지 않을 수 있음

장단기 금리차는 경제전망을 반영하는 중요한 지표지만, 금리 변화가 즉각적으로 시장에 반영되지는 않는다. 장단기 금리차 변동이 즉각적인 경기전망 변화를 의미하는 것은 아니며, 특히 중앙은행의 금리정책이 개입될 경우 금리차는 일시적으로 왜곡되거나 경기전망과 괴리될 수 있다.

둘째, 장단기 금리차의 확대/축소가 항상 경기를 예고하는 것은 아님

장단기 금리차가 확대되거나 축소되는 과정에서 경기가 반드시 개선되거나 악화되는 것은 아니다. 금리차의 확대는 경기확장기의 징후일 수 있지만, 동시에 인플레이션 우려로 금리가 높아지면서 발생할 수도 있다. 금리차가 좁혀지는 경우에는 경기가 둔화되거나 침체될 수 있지만,

이는 통화정책이나 외부 경제요인에 의한 결과일 수도 있기 때문이다.

셋째, 중앙은행의 금리정책 영향

중앙은행의 금리인상은 단기금리를 인위적으로 높일 수 있다. 이는 금리차 역전을 유발할 수 있으며, 통화정책에 의해 금리차가 왜곡될 수 있다. 그러나 이는 경제가 이미 둔화되었거나 침체가 임박했기 때문이 아니라, 금리를 조절하기 위한 중앙은행의 정책적 결정으로 인한 현상일 수 있다. 양적완화 정책도 금리차 역전을 초래할 수 있다. 중앙은행이 특정 만기의 국채를 대규모로 매입함으로써 해당 만기채권의 수익률을 인위적으로 낮추는 현상이 발생할 수 있기 때문이다.

넷째, 기술적 역전 가능성

기술적 금리 역전은 경기전망과 무관하게, 국채 수급과 중앙은행의 시장개입 등으로 인해 발생할 수 있는 일시적 현상이다. 예를 들어, 중앙은행의 수익률곡선 통제YCC나 특정 만기국채 매입 등으로 인해 장기금리가 인위적으로 낮아지고, 단기금리가 상대적으로 높아져 금리가 역전되는 경우가 있다. 이런 경우 실질적인 경기둔화나 침체와는 상관없는 기술적 현상일 수 있다.

2020년 팬데믹 이전에도 장단기 금리가 역전된 적이 있지만, 이는 중앙은행의 수익률곡선 통제나 특정 채권의 매입 등에 의해 일시적인 왜곡이 발생했기 때문이다. 이 경우에는 금리 역전이 경제침체와 연관되지 않았음을 의미한다.

이렇듯 금리 역전만으로 경기침체를 예측하는 것은 불완전할 수 있다. 경기침체를 예측하려면 고용지표, 소비자 지출, 제조업 지표, 기업투자 동향 등 다른 경제지표들을 함께 고려해야 한다. 예를 들어, 2022년 미국의 장단기 금리 역전이 있은 후에도 고용시장과 소비자 지출이 여전히 강력하게 유지되었기 때문에 경기는 침체되지 않았다. 이런 사례를 통해 볼 때, 금리 역전을 경기침체의 확정적인 신호로 보지 않는 것이 중요하다.

유동성 모니터링과
투자전략 수립

실질 M2 증가율 분석

실질 M2 증가율 분석 프로세스

실질 M2 증가율은 장기금리 전망을 조정하는데 중요한 지표로 경제성장과 유동성 흐름을 파악하는데 필수적이다. 실질 M2 증가율은 명목 M2 증가율에서 물가상승률을 차감한 값으로 인플레이션을 고려한 통화공급의 변화를 측정한다. 실질 M2는 경제의 유동성을 대표하는 통화공급 지표로, 이를 통해 자금이 얼마나 원활하게 순환하는지를 알 수 있다. 일반적으로 실질 M2 증가율이 높아지면 유동성이 풍부해지고 경기는 성장할 가능성이 커진다. 반면 실질 M2 증가율이 낮아지면 유동성은 줄어들어 경기둔화와 디플레이션 가능성이 커진다.

명목 M2는 통화공급의 절대적인 변화를 나타내므로 물가상승률이 높을 때는 명목 M2가 증가해도 실질구매력에는 큰 영향을 주지 못할 수 있다. 예를 들어, 1970년대 스태그플레이션 시기에는 명목 통화공급이 늘었지만, 높은 인플레이션으로 인해 실질 M2 증가율은 낮았다. 그 결과 경기침체와 높은 인플레이션이 동시에 나타났다. 따라서 명목 M2 대신 실질 M2 증가율을 살펴야 인플레이션을 감안한 실제 유동성 변화를 확인할 수 있다. 따라서 실질 M2 증가율을 분석하면 인플레이션 기대와 유동성의 변화를 감지할 수 있어 장기금리의 중기적 방향성을 예측하는데 유용하다.

실질 M2 증가율 확인

실질 M2는 시장의 유동성을 나타내며, 실질 M2 증가율을 통해 경제성장과 인플레이션 압력을 예측할 수 있다. 실질 M2 증가율이 높으면 경제활동이 활발해지고, 낮거나 감소하면 경기둔화가 우려된다.

실질 M2 증가율과 경제성장 분석

실질 M2 증가율이 높을 때는 경기확장이 예상되며 기준금리가 인상될 가능성이 크다. 실질 M2 증가율이 높으면 유동성이 증가하고, 이는 인플레이션 압력으로 이어져 장기금리의 상승이 지속될 수 있다.

반대로 실질 M2 증가율이 급격히 하락하거나 정체되면 경제성장이 둔화되고 중앙은행은 금리인하를 고려할 수 있다. 실질 M2 증가율이 낮으면 유동성이 위축되며, 경기둔화 가능성이 높아지고 중앙은행의 금리인하 가능성 또는 저금리 기조가 장기화될 수 있다.

실질 M2 증가율에 따른 투자전략 조정

실질 M2 증가율이 증가하는 경우, 금리상승 가능성을 고려하여 경기민
감 자산에 대한 투자를 강화한다. 반면 실질 M2 증가율이 둔화되면 장기
금리가 하락할 가능성에 대비해 채권 및 방어적 자산으로의 투자 포트폴
리오를 조정한다.

표 62 유동성 모니터링 체크리스트

항목	내용/지표	설명
1단계: 실질 M2 증가율 확인		
명목 M2 증가율	명목 M2 증가율 (통화공급량 변화율)	통화공급의 변화를 통해 경제 내 유동성 흐름을 파악
실질 M2 증가율	명목 M2 증가율-물가상승률 (CPI)	물가상승률을 조정한 후, 경제활동에 영향을 주는 실제 유동성을 확인
장기 추이	최근 3년, 5년, 10년 평균 증가율	실질 M2 증가율의 장기적 변동 경향을 분석하여 기준치와 비교
2단계: 실질 M2 증가율과 경제성장 분석		
실질 M2 증가율과 GDP 성장률 비교	GDP 성장률 대비 M2 증가율의 상대적 크기	M2 증가율이 GDP 성장률을 상회하면 인플레이션 압력이 커질 가능성을 평가
경제 사이클 연결성	실질 M2 증가율과 경제 확장/수축 국면	M2 증가율이 높은 국면에서는 경제활동이 활발하고, 낮은 국면에서는 경제둔화를 반영
중앙은행 정책 연계성	금리인상 (M2 증가율 ↑), 금리인하 (M2 증가율 ↓)	M2 증가율 변화가 중앙은행의 정책 기조에 미치는 영향을 분석
3단계: 금리전망 조정		
유동성 확대 국면	실질 M2 증가율 상승	장기금리 상승 가능성을 높게 두고, 경기민감 자산 (금융, 산업재 등)으로 포트폴리오 조정
유동성 축소 국면	실질 M2 증가율 둔화 또는 감소	장기금리 하락 가능성에 대비하여 방어적 자산 (채권, 필수소비재 등) 비중을 확대
금리와 유동성의 상관관계	금리 변화와 실질 M2 증가율 간의 동조 여부	M2 증가율 변화가 선행적 신호인지 후행적 신호인지 평가

정책적 요인	재정정책 (경기부양책, 정부 지출)	정부의 정책적 개입이 실질 M2 증가율에 미치는 영향을 고려
글로벌 유동성 환경	글로벌 M2 증가율 및 주요국 통화정책	국내 실질 M2 증가율이 글로벌 경제상황과 어떻게 연계되는지 평가
심리적 요인	소비 및 투자심리 지표 (PMI, 소비자 신뢰지수 등)	유동성 변화가 경제주체의 심리에 미치는 영향을 분석

실질 M2 증가율 해석의 주의사항

첫째, 실질 M2 증가율의 선행성에 대한 제한

실질 M2 증가율이 경기의 선행지표로 사용되지만, 항상 경기변동을 예측하는 데 유효하지는 않다. M2는 통화공급과 물가를 반영하는 지표지만 경기변동에는 다양한 외부요인, 예를 들어 국제 경제, 정치적 불확실성, 소비자 신뢰도, 기업의 투자 의지 등 다양한 변수들이 복합적으로 영향을 미친다.

특히 글로벌 경제불확실성이나 외부 충격이 발생하는 경우, M2 증가율은 예상과 다른 방식으로 경제에 영향을 미칠 수 있다. 예를 들어, 관세전쟁이나 금리 변화와 같은 외부요인은 통화공급 증가에도 불구하고 경제성장에 부정적인 영향을 미칠 수 있다.

둘째, 비선형적 효과의 존재

실질 M2 증가율은 경제구조와 상황에 따라 비선형적인 효과를 나타낼 수 있다. 즉, 통화공급 증가가 곧바로 경제활성화로 이어지지 않을 수 있으며, 특정 시점에서는 예상과는 다른 방식으로 시장에 반영될 수 있다.

예를 들어, 저금리 환경에서 대규모 통화공급이 이루어졌다고 하더라도, 경제주체들이 부채 수준에 대한 우려로 인해 소비와 투자를 꺼릴 수 있다. 이 경우 M2의 증가는 경기활성화로 이어지지 않을 수 있다.

또한 특정 경제구조에 따라 실질 M2 증가율의 시차가 다르게 나타날 수 있다. 예를 들어, 선진국보다는 신흥국에서 M2 증가가 더욱 즉각적인 경제성장을 촉진할 수 있다.

셋째, 기타 경제적 요인과의 상호작용

실질 M2 증가율을 해석할 때, 물가상승률과 금리 변화 등의 다른 경제지표와 함께 종합적으로 분석하는 것이 중요하다. 예를 들어, 실질 M2 증가율이 높아지더라도 인플레이션이 예상보다 높게 나타나면, 통화공급 증가가 경제에 미치는 영향은 다르게 해석될 수 있다.

금리가 상승하면 통화공급 증가의 효과가 약화될 수 있으며, 소비자 신뢰나 기업투자의 변화도 실질 M2 증가율의 경제적 효과를 상쇄하거나 확대할 수 있다.

넷째, 단기적/장기적 효과 차이

실질 M2 증가율은 단기적으로는 경제활성화에 기여할 수 있지만, 장기적으로는 과도한 통화공급이 자산가격의 버블이나 인플레이션을 유발할 수 있다. 특히 장기적인 경제성장에는 M2 증가뿐만 아니라 생산성 향상, 노동시장의 개선, 기업의 투자 등이 중요하게 작용한다.

단기적으로 실질 M2 증가율이 상승하면 소비와 투자가 증가할 수 있으나, 이는 과도한 통화공급이 장기적인 경제안정성에 부정적인 영향을 미칠 수 있다는 점을 염두에 두어야 한다.

다섯째, 경제적 신뢰도와 시장 반응

실질 M2 증가율이 경제에 미치는 영향은 시장신뢰도와 깊은 연관이 있다. 통화정책에 대한 신뢰가 부족하면, M2 증가가 실제 경제활성화로 이어지지 않을 수 있다. 예를 들어, 중앙은행의 신뢰성 부족이나 정치적 불확실성이 클 경우, 경제주체들이 통화공급 확대에 대해 부정적인 반응을 보일 수 있다.

또한 실질 M2 증가율이 높아지면, 자산가격 상승이나 물가상승을 우려하는 시장의 반응이 있을 수 있으므로, 실질 M2의 변화가 실제 경제에 미치는 영향은 신뢰도와 시장의 상황에 따라 달라질 수 있다.

투자전략 수립과 리스크 관리

통화정책, 경제지표, 실질 M2 증가율 등 주요 경제지표를 통해 단기금리와 장기금리를 분석하고 전망했다면, 투자를 실행하고 리스크를 관리해야 한다. 만약 단기금리 상승이 예상되고 장단기 금리차가 축소되는 상황에서는, 금리인상 가능성을 중점적으로 고려하여 경기둔화 및 방어적 투자전략을 세운다. 반면 실질 M2 증가율이 상승하고 장단기 금리차가 확대되는 경우, 금리인하 또는 금리동결 가능성을 염두에 두고 경기회복에 따른 공격적 투자전략을 설정한다.

투자전략 수립

금리가 상승할 경우 기업의 자금조달 비용이 높아지고 소비와 투자가 위축될 가능성이 커지므로, 주식시장에서는 경기방어적 산업에 집중하고 채권시장에서는 금리가 상승할 때 가격이 하락하는 특성을 반영하여 단기채권의 비중을 높여야 한다.

금리가 하락할 경우 기업의 자금조달이 용이해지고 소비와 투자가 활성화될 가능성이 커지므로, 주식시장에서는 성장주 및 경기민감 산업에 대한 비중을 확대하고 채권시장에서는 장기채권과 금리민감 자산을 포함한 포트폴리오를 강화해야 한다.

리스크 관리 전략 수립

금리전망이 불확실할 경우, 분산투자와 상대적 안전자산에 대한 투자 비율을 높인다. 예를 들어, 금리변동성이 큰 시기에는 채권 ETF, 리츠REITs, 금과 같은 자산을 포함시켜 리스크를 분산한다. 또한 금리변동의 영향을 받는 자산군에 대한 정기적 리밸런싱을 통해 포트폴리오의 균형을 유지한다.

금리전망 분석은 단기금리, 장단기 금리차, 실질 M2 증가율을 기반으로 중앙은행의 금리정책과 경제지표를 면밀히 분석하는 것으로 시작된다. 금리 변화가 경제와 자산군에 미치는 영향을 평가하고, 최종적으로 금리

전망에 맞는 투자전략을 설정하는 것이 핵심이다. 이를 통해 투자자는 금리변동성에 대비할 수 있는 적절한 대응 전략을 수립할 수 있다.

표 65 투자전략 수립 및 리스크 관리 체크리스트

항목	내용/지표	설명
1단계: 금융시장 반응 점검		
주식시장 반응 점검	가치주 선호 여부	금리상승으로 경기둔화 우려가 커지며 가치주에 대한 투자 선호가 높아질 가능성을 평가
	성장주 선호 여부	금리하락으로 자금조달 비용이 낮아져 성장주와 주식시장 전반이 긍정적 영향을 받을 가능성 분석
채권시장 반응 점검	채권금리 방향성	금리 변화가 채권가격에 미치는 영향을 고려하여 전략을 조정
	채권만기 전략: 단기 vs. 장기	장기채권 비중 확대 여부를 검토하여 포트폴리오를 조정할 준비
외환시장 반응 점검	자국 통화 강세	금리상승으로 인한 외환시장 반응을 분석하고 투자 전략에 반영
	자국 통화 약세	금리하락으로 발생할 수 있는 환율변동성을 평가하고 대응 방안을 준비
2단계: 금리 변화에 따른 리스크 관리 전략		
금리인상 시 자산배분 전략 점검	방어적 산업으로 자산 이동	금리상승 시 경기민감 산업을 회피하고 소비재, 헬스케어, 유틸리티 등 방어적 산업에 투자 집중
	단기채권 및 고정금리 자산 비중 확대	금리상승기에 적합한 단기채권 및 안전자산의 비중을 높이는 전략 수립
금리인하 시 자산배분 전략 점검	성장주 및 장기채권 비중 확대	금리하락 시 경기회복에 유리한 자산군의 비중을 확대
	고수익 채권 및 리츠(REITs) 등 금리민감 자산군 투자	금리하락에 민감한 자산군에 투자 확대 여부를 검토
포트폴리오 리밸런싱 준비	자산배분 조정 계획 수립	금리변동 시 주식, 채권, 현금 비중을 재조정하고 리스크를 평가
	금리 변화에 따른 리밸런싱 전략 수립	금리인상/인하 시 대응 방안을 구체적으로 계획
세부 자산군 대응 전략 수립	금리상승 시 채권 비중 축소, 금리하락 시 장기채권 비중 확대	채권의 금리민감도를 고려한 구체적 투자 방안 마련
	주식투자 전략 구체화 (성장주/가치주 등)	금리 변화에 따라 성장주와 가치주에 대한 전략을 세부적으로 정리